Céline MORARD

RITUELS
ET PSYCHOMAGIE :
UN ART DU MIEUX ETRE

La psychomagie est « L'art de trouver et mettre en actes des tâches à accomplir, sur des expériences personnelles qui célèbrent la réalité dans laquelle on veut vivre »

Du même auteur

Mémoires d'une guerrière
Editions l'art du Devenir Nouveau, 2013

Les Tarots Psychologiques
Céline Morard /Catherine Torelli
Editions l'art du Devenir Nouveau, 2012

Les 22 niveaux de conscience
Comment obtenir ce que l'on veut !
Editions l'art du Devenir Nouveau, 2013

Douleur, douleur, quand tu nous tiens !
Editions l'art du Devenir Nouveau, 2013

Mental, qui es-tu ?
Editions l'art du Devenir Nouveau, 2012

Assistant à la rédaction : Christine Richard-Barlet
Relecture : Valérie Faure-Chappat
Mise en page : Valérie Faure-Chappat
Illustrations : Gilles Bonneyrat

Editions ADN (Art du Devenir Nouveau) c/o Céline Morard,
215, route des écoles
13750 Plan d'Orgon

Remerciements

Je remercie tous mes amis et même mes ennemis, car tous m'ont fait avancer.

Ce livre a vu le jour grâce la bienveillante confiance de Christine Richard-Barlet

Grâce également à mes ami(e)s, qui m'apportent joies et réconfort, telles que Marie-Armelle Faure/Signorini, Pascal Rosnet, Nicole berger, Valérie Faure-Chappat, Odette Rinaudo, AgnésVilhet, Valérie Arnoux. Mes amies retraitées : Andreina Flesia/Baldo Jocelyne Allies, Jeannine Benoit, Suzanne et son mari Claude Moretti,

Table des Matières

Portrait de Céline Morard-Martinez

« Parce que tout est enseignement »

Céline fait partie de ces êtres difficiles à définir, parce qu'elle échappe à toutes catégories par sa singularité. D'origine pied-noir espagnole, elle fut, très jeune, attirée par les expériences métaphysiques, la psychologie et la spiritualité. Ayant vécu une enfance toxique, tantôt haïe et rejetée, tantôt aimée et acceptée, son chemin fut fait de luttes et d'équilibres afin de faire valoir ses droits. Bousculée impitoyablement par la vie, elle étudia très tôt les diverses religions de toutes origines, mais ne s'attacha à aucune. Même si elle est catholique par son baptême, elle revendique une loi, une seule, celle d'une intelligence sacrée de vie, qui selon elle, est la voie du juste milieu.

Grâce à sa recherche intérieure, elle se sent reliée à l'énergie de cette intelligence suprême, qui tout au long de son parcours, la mène à une interrogation constante sur la souffrance humaine et comment donner du sens à ceci. Cela passe par un véritable déchirement : illuminée par de fulgurantes intuitions métaphysiques, ses pensées sont souvent tournées, grâce à ses expériences, vécues dans l'intensité de ses réflexions à différents niveaux, vers des certitudes et des doutes constructifs et à travers des questionnements de toutes sortes. On la voit et l'entend s'exprimer tantôt dans un langage philosophique, tantôt dans un langage populaire et dépouillé. Son raisonnement est étayé d'exemples puisés parmi ses expériences personnelles et ses accompagnements à travers la relation d'aide.

Sa devise : *« Les paraboles de Jésus nous dirigent dans la voie de la non-dualité au cœur de la pleine conscience ».* Et *« comprendre sans condition, c'est accéder à l'amour de soi ».*

Qui êtes-vous, Céline ?

« *Je suis thérapeute, conseillère conjugale et familiale, dotée d'une grande expérience dans la relation d'aide. J'ai également suivi une psychothérapie et une analyse pendant plus de dix ans, ainsi que plusieurs formations sur différentes thérapies comportementales : accompagnement de fin de vie, décodage biologique, psycho-généalogie, chamanisme, astrologie analytique et généalogique, Tarologie, psychomagie, master en P.N.L., hypnose Ericksonniene ainsi que d'autres disciplines sur les méthodes quantiques* ».

INTRODUCTION

Pendant des années, j'ai suivi une analyse dont les bienfaits sont indéniables. L'analyse m'a aidé à comprendre ce que j'avais vécu et ce que je vivais au présent. Cependant, il est arrivé un moment où j'ai eu l'impression que, bien qu'ayant tout compris et intellectualisé, mes souffrances et mon mal-être n'étaient toujours pas résolus. Je me suis alors tournée vers d'autres façons d'appréhender les choses et j'ai multiplié les stages (la Programmation neurolinguistique, l'hypnose Ericksonniene, le Décodage biologique ...) jusqu'au jour où j'ai fait la connaissance d'Alejandro Jodorowski[1].

Son approche était tout autre. Il proposait des actes concrets qu'il nommait actes psycho-magiques pour parvenir à nettoyer nos mémoires, à guérir des traumatismes psychologiques enfouis. Pour lui, réaliser concrètement un acte symbolique en faisant « comme si » c'était vrai, permettait de soulager bon nombre de nos désespoirs enfouis. C'était une ouverture vers une vision créatrice et métaphorique permettant, enfin, de dialoguer directement avec l'inconscient.

Je dois dire que, dès l'abord, j'ai décrété que je ne croyais absolument pas à cette méthode. Très vite pourtant, je me suis demandé ce qui pouvait m'arrêter car, après tout, j'avais vraiment tenté de nombreuses choses qui avaient échouées. Je ne risquais donc rien à essayer la psychomagie mis à part peut-être de réussir enfin à me libérer.

Le premier acte psycho-magique que j'ai accompli était une lettre adressée à une personne dont le souvenir était traumatisant, personne avec laquelle il m'était impossible de dialoguer en réalité. Il me fallait faire « comme si » elle pouvait recevoir ma lettre et « comme si » elle m'avait répondu. J'accomplissais une correspondance symbolique. J'ai écrit cette lettre même si je ne comprenais pas comment cela pouvait fonctionner. Pendant les deux semaines qui suivirent l'acte, rien de nouveau ne se produisit. Puis,

---

[1] Jodorowsky Alejandro : réalisateur, acteur, auteur de films ésotériques, surréalistes et provocateurs ; auteur de nombreux livres sur le tarot, la psychomagie...

un matin, et à ma grande surprise, les choses à l'intérieur de moi avaient changées dans la relation que j'entretenais depuis des années avec cette personne...

Devant ce résultat, j'ai décidé de poursuivre mes expérimentations pour moi-même puis j'ai aussi proposé, à certains de mes patients et en les adaptant à chacun, les actes psycho-magiques inventés par A.Jodorowski. Les résultats furent surprenants, aussi bien chez les personnes qui acceptaient immédiatement et sans à priori cette méthode, que chez ceux qui réalisaient l'acte avec scepticisme. Par la suite, j'ai inventé des actes psycho-magiques et des rituels personnalisés et j'ai obtenu toujours autant de résultats positifs. Cela s'est souvent traduit par une transformation profonde des personnes qui m'ont consultée, même si les chemins pour y parvenir ont été déroutants... Il est vrai que la démarche paraît toujours étrange au départ. Cependant, les personnes qui ont sérieusement joué « le jeu » de l'acte psycho-magique ont eu des résultats bénéfiques dans leur vie.

L'explication est toute simple : la psychomagie s'adresse directement à l'inconscient : il n'y a aucune place pour l'analyse, la logique, la raison raisonnante. De plus, le conflit, et sa cohorte de symptômes, passe sous l'entière responsabilité de la personne qui accomplit l'acte. Elle devient son propre guérisseur en ouvrant la porte entre l'intellect et l'inconscient, et surtout en faisant l'impasse sur son mental qui la maintient constamment en dépendance psychosomatique, ne se situant jamais dans l'instant présent. Grâce à l'acte symbolique, le quotidien se transforme et la vie prend enfin un sens différent de celui qui consiste à chercher des responsables à tous ses échecs.

Je donne l'exemple d'une de mes amies qui rejetait violemment toutes mes propositions d'actes psycho-magiques quand elle venait me voir en consultation. Réaliser un acte symbolique lui paraissait stupide et avilissant. Qu'elle ne fut pas ma surprise quand je la vis un jour s'accroupir devant sa petite fille qui venait de tomber et qui sanglotait : elle prit les mains de sa fillette et se mit à souffler dessus en faisant « comme si » elle ôtait le mal de son enfant et elle répétait « *voilà, c'est parti ! C'est parti* ». L'enfant s'est arrêté de pleurer. Sans s'en douter, mon amie s'adressait directement à l'inconscient de son enfant qui acceptait comme évident que sa mère puisse enlever sa douleur. Cet exemple, parmi tant d'autres, illustre le fait que nous accomplissons souvent sans nous en apercevoir, des actes symboliques et psycho-magiques.

Forte de mon expérience dans la relation d'aide, j'ai donc décidé de proposer une porte vers une autre façon d'appréhender les difficultés en se basant non plus sur le « pourquoi » mais sur le « comment faire » pour aller mieux. J'invite par là à s'auto-responsabiliser. Je suis consciente que mes propos peuvent rendre les sceptiques encore plus méfiants mais pour ceux qui ont la croyance que cela peut apporter des réponses à leur détresse, pour ceux qui se sentent victimes d'une fatalité implacable, les suggestions de ce livre résonneront de façon spéciale en leur offrant l'espoir de faire de nouveaux choix de vie.

« Je me représente la vie comme une rivière avec deux berges : d'un côté de cette berge, il y a le plaisir et de l'autre côté, la douleur. Le meilleur moyen de descendre cette rivière est de rester eu milieu et de se déplacer en flottant à distance égale des deux rives. Si vous déviez trop d'un côté, vous ralentissez et courrez le risque d'échouer. Pourquoi ? Parce que trop de plaisir rend dépendant, et trop de douleur éclipse le goût de la vie.»

Deepak Chopra [2]

---

[2] Deepak Chopra : médecin endocrinologue, penseur, conférencier et écrivain à succès sur les thèmes de la spiritualité et de la médecine alternative.

CHAPITRE 1

Notions de psychomagie

1 - QU'EST CE QU'UN ACTE PSYCHO-MAGIQUE ?

1-1 D'OU VIENT LA NOTION DE PSYCHOMAGIE ?

La psychomagie est naturelle. Elle n'a rien de surnaturel ou de magique.

Il s'agit de pratiques qui font appel aux perceptions sensorielles de l'homme et qui parlent à l'inconscient, pratiques basées sur des expériences millénaires et planétaires que la science occidentale n'a pas encore découvertes ou identifiées.

La psychomagie diffère de la superstition dont la base est l'ignorance et la croyance populaire non fondée. Dans la superstition, le monde est régi par le hasard et l'homme est la victime innocente de forces occultes, surnaturelles, sur lesquelles, il n'a aucune prise. Les personnes superstitieuses croient que certains évènements banals de la vie sont des présages (des signes heureux ou malheureux). Par exemple, passer sous une échelle porterait malheur tandis que cueillir un trèfle à quatre feuilles porterait chance. A l'inverse de la superstition, la psychomagie obéit à un processus, qui permet à l'individu de prendre le contrôle de sa vie, en obéissant uniquement à un destin qu'il a déterminé lui-même.

Il nous faut aussi différencier la psychomagie de la notion de magie noire. La magie noire a toujours une intention néfaste sur autrui. Elle consiste à introduire dans le territoire énergétique d'une personne, des entités qui vibrent à leurs propres essences, qui envahissent des espaces disponibles et s'y déploient. Ces espaces libres existent quand une personne n'est pas en résonance avec sa propre essence et son taux vibratoire. On peut dire que ses frontières personnelles sont grandes ouvertes, favorisant l'influence d'obscures conceptions, projetées par des forces environnantes.

Le terme « acte psycho-magique » a été inventé par Alejandro Jodorowsky[3]. Artiste accompli, auteurs de nombreux

---

[3] JODOROWSKY Alessandro : « *Manuel de psychomagie* » Edition Albin Michel, 2009 - 296 pages.

livres et de dizaine de films, il est avant tout thérapeute dans l'âme. Son parcours l'a mené à mettre au point sa propre méthode de psycho-généalogie,

l'« aboutissement d'une vie entière ». Sa découverte est le résultat de différentes influences vécues dans ses voyages et ses rencontres avec des artistes, des tarologues, des guérisseurs, des chamans... La synthèse de sa réflexion sur le monde de l'inconscient, lui a fait faire le constat qu'un acte psycho-magique représente le symbole virtuel d'un acte que nous aimerions voir se réaliser. En d'autres termes, l'acte psycho-magique sert à faire « comme si » c'était vrai. On se rapprocherait ainsi du monde « magique » véhiculé par les enfants qui s'amusent à faire « comme si c'était vrai » dans leurs jeux. De fait, l'inconscient est comme un enfant qui accepte tout acte symbolique fort comme une réalité ; la métaphore, le symbole, constituent son langage. C'est une ouverture vers une vision créatrice.

Pour parler à l'inconscient, pour guérir des blessures, des conflits inconscients, Alejandro Jodorowski utilise donc l'acte psycho-magique.

1-2 INSPIREE DU CHAMANISME

La psychomagie s'inspire du chamanisme pratiqué par de nombreuses ethnies à travers les âges et le monde. Un chaman est un guérisseur de l'âme, un thérapeute du corps psychique ; il n'a pas la culture psychologique issue de Freud, Jung ou Lacan mais son acuité et son sens très aigu de l'observation du comportement humain et de l'environnement dans lequel il vit, l'ont amené à une approche « magique » de la maladie.

Les techniques chamaniques reposent essentiellement sur un langage métaphorique, langage auquel obéit l'inconscient : la "langue des oiseaux". Elle est basée sur des jeux de mots qui suggère d'autres mots à la fois cachés et détectables après réflexion. Le psychanalyste Lacan a démontré que sous les jeux de mots s'exprime l'inconscient qui choisit de passer ainsi des messages codés. Le jeu de mots le plus connu dans le monde médical est « j'ai une maladie» = « mal à dire ». La maladie est souvent le symptôme d'un problème inconscient que nous n'arrivons pas à dire ou plus exactement que notre inconscient cherche à nous dire à travers notre corps.

Le chaman interprète notre monde intérieur, nos blessures à travers des métaphores. Il cherche à concrétiser la maladie en parlant de démons, d'entités, d'esprits. Il voit à travers nous, nos mondes parallèles énergétiques, ressent nos émotions et nous aide à nous en servir comme une force, comme un allié, avec qui dialoguer et non comme un ennemi à éliminer. Son intervention vers l'auto-guérison repose sur plusieurs éléments : l'intellect, l'émotion, les perceptions sensorielles, la relation avec le corps. Il se sert de la puissance de l'intellect dont il tente de freiner la logique raisonnante et obsessionnelle ; il utilise l'émotion suscitée par les perceptions sensorielles ainsi que son intuition, son instinct, pour travailler sur un état d'être de compassion, de paix et de calme afin de remplir sa mission d'accompagnement. Enfin et surtout, le chaman a une relation intense avec le corps, le sien et celui de la personne qui vient le consulter. A travers le corps, il touche le psychisme. Car quand on touche quelqu'un, on ne touche pas seulement sa main, mais on accède à tout son arbre généalogique, le corps étant le reflet de toute notre généalogie. Cette démarche vise à communiquer directement avec l'inconscient de ses patients.

Le psychanalyste travaille sur un seul terrain, celui de l'intellect. Il décèle et interprète les messages envoyés par l'inconscient dans le langage courant. Il nous apprend à entendre, grâce à son écoute attentive, le «pourquoi» de ce qui nous arrive, le cheminement du «pourquoi » à travers les mots que l'on dit et qui sont les maux enfouis en nous depuis « la nuit des temps». Il cherche à sublimer et à canaliser nos désirs, nos pulsions, nos phobies. A la question « comment puis-je régler ce problème que vous avez mis en lumière ? », le psychanalyste répond : « vivez avec ; apprenez à lâcher prise, à assumer, à sublimer ... » Freud décode l'inconscient en langage conscient afin de revenir à l'inconscient.
Le langage de l'inconscient est le chemin le plus court, le plus rapide.

Ainsi, quand le chaman-thérapeute parle et explique-le « comment faire », le psychanalyste écoute le « pourquoi ».

Pourtant on sait que prendre conscience seulement ne suffit pas à nous guérir parce que tant que le désir n'est pas accompli, nous restons insatisfaits. Nous restons obsédés par une situation, un traumatisme qui a été vécu à un certain moment de notre vie et qui n'a pas été résolu. L'inconscient a créé à cet instant là un « programme » qui réapparaît régulièrement dans l'espoir d'une réponse possible. Le désespoir naît quand nous prenons conscience que la situation est passée et ne pourra se reproduire. C'est là qu'intervient l'acte psycho-magique. Si le désir de tuer ou l'envie de se venger de quelqu'un, devient obsessionnel, il faut réaliser son désir, exorciser nos interdits en leur donnant corps mais de façon symbolique et métaphorique, car l'inconscient n'a pas la notion du temps ni d'espace, il est comme un enfant, il accepte complètement la métaphore et ses symboles. Le rituel est un acte symbolique qui vient remplacer, dans l'inconscient, un acte impossible ou interdit qui ne s'est pas réalisé. Pour libérer une pulsion ou un désir qui émerge de l'inconscient, nous ne pouvons-nous en soustraire qu'en la réalisant symboliquement dans un acte ou un rituel. Si on a envie de tuer, il faut tuer symboliquement afin de satisfaire notre instinct par un rituel de meurtre. (Tuer une mouche ou une abeille et même une poule, mais il faut manger l'insecte ou l'animal car on ne doit pas tuer pour tuer). Si on a envie de châtrer quelqu'un il faut châtrer, toujours symboliquement.

Nous nous affranchissons ainsi des mémoires conflictuelles qui, souvent, appartiennent au passé. C'est nous rendre un grand service.

Dans la psychomagie, c'est à l'inconscient de décrypter l'information véhiculée par le conscient, information donnée sous formes d'un langage symbolique.

Quand le psychanalyste enseigne à prendre conscience d'un comportement ; le chaman apprend à transformer un comportement en utilisant le rituel, qu'Alejandro Jodorowski appelle « acte psycho-magique ». Il s'agit de deux processus très différents tout aussi utile l'un que l'autre.

Toutes les actions proprement humaines, c'est à dire dépassant le niveau animal, ont commencé par être rituelles. C'est grâce à ses mêmes disciplines rituelles que l'homme a accédé au rationalisme puis s'est civilisé. A l'apparition du rationalisme, les rites ont cessé de jouer un rôle général. Ils ont été conservés dans la sorcellerie et les religions, ce qui a pu laisser croire - à tort – qu'ils leurs étaient particuliers[4] ...Ils ont été balayés peu à peu de notre univers laissant un grand vide derrière l'éclairage que peuvent nous donner la psychanalyse et la psychologie. De fait, savoir pourquoi et qui est fautif de tel ou tel trouble (autocritique, orgueil, timidité, agressivité, violence extrême, mutisme, impossibilité à trouver un partenaire, peurs...) que nous avons développé est de l'ordre de la mentalisation. Et après ? Nombre de personnes disent avoir l'impression de « tourner en rond » après quelques années d'analyse. Grâce à la thérapie psychanalytique, je comprends enfin pourquoi j'existe et qui je suis. Grâce à la thérapie chamanique ou comportementale, je transforme ce que je comprends en « comment faire avec ». Lors d'un séminaire avec Jodorowsky, ce grand maître du « comment faire », répondit avec son franc parler, à une personne dans la salle, qui était, depuis des années, en analyse et qui se plaignait que rien ne bougeait dans sa vie alors même qu'elle avait épuisée tout ce qu'elle savait de son passé et qu'il lui était difficile d'aller vers un futur harmonieux... Après une pause et sur un ton grave et solennel, il répondit ceci : « Et bien tu lèves tes fesses du fauteuil et tu fais quelque chose pour toi ! » En bon scénariste, un maître mot « action ».

Ce jour-là, j'ai vraiment compris à quel point il était important de se bouger les fesses et d'agir plutôt que d'attendre sagement que notre pseudo sauveur, le psy, passe à l'action à notre place. Donc, soit, je pose des actes « comment faire » pour en sortir, soit, je reste victime de mon propre scénario et j'attends un miracle. L'acte psycho-magique vient créer une expérience concrète et décisive qui fait que l'on ne peut plus être le ou la même par la suite.

1-3 REALISER SYMBOLIQUEMENT LES PULSIONS ET LES DESIRS POUR SE LIBERER

Après avoir fait ce constat, Alejandro Jodorowsky et son fils Cristobal, ont analysé le langage chamanique pour le retransmettre dans un langage occidental et ont montré que les

---

[4] « Histoire des rites sexuels » de jacques Marceau – éd. J'ai lu

actes ritualisés sont de puissants outils de changement et de guérison. L'acte psycho-magique donne une « assise » symbolique à la résolution d'un problème. C'est là toute la différence, et elle est de taille, car nous avons enfin l'impression de reprendre les rennes en main. Au lieu d'apprendre à l'inconscient à parler le langage rationnel, on apprend à la raison à utiliser la langue de l'inconscient ; on réalise symboliquement ce qui est interdit à la raison raisonnante, puisque les émotions n'existent que par rapport à nos mémoires. C'est le chemin inverse de la psychanalyse. La psychomagie provoque un changement dans la mémoire et fait du consultant son propre guérisseur. C'est pourquoi celle-ci agit sur l'inconscient et répare les mémoires de notre passé, le notre ou celui de tous nos ascendants. En effet, dans son livre « le théâtre de la guérison », Alejandro Jodorowski évoque l'existence de traumatismes légués aux descendants parce que non résolus : « dans l'arbre généalogique et dans le thème astrologique il y a des endroits traumatisés, non digérés, qui cherchent indéfiniment à se soulager. De ces endroits sont lancés des flèches vers les générations futures. Ce qui n'a pas pu être résolu devra être répété et atteindre quelqu'un d'autre, une cible située une ou plusieurs générations plus loin. » L'acte psycho-magique permet de stopper cette « malédiction » ; là où nous mettons notre attention, là où notre inconscient guérit, la flèche cesse d'être lancée.

C'est cet héritage incroyable qu'Alejandro Jodorowsky nous a légué. Il nous permet de nous auto-guérir et d'accéder facilement aux solutions tant recherchées, même si les chemins que l'on prend pour y arriver sont irrationnels.

1-4 INVENTER DES ACTES PSYCHO-MAGIQUES

Pouvons-nous tous inventer des actes psycho-magiques ? Je le crois.... Le monde des symboles nous appartient. Mais ce qui se joue dans votre inconscient peut être plus complexe qu'il n'y paraît au premier abord. L'aide d'une personne spécialisée reste donc nécessaire pour mettre en lumière et préciser la « flèche » à lancer et la cible. C'est le rôle d'une psychologue, du psychiatre, du psychothérapeute...

Les personnes les plus à mêmes de comprendre le processus mis en œuvre dans l'acte psycho-magique, et donc d'en proposer à leurs patients, doivent non seulement être fins psychologues mais surtout posséder une grande ouverture d'esprit car l'acte psycho-magique est presque toujours dérangeant voire violent dans son symbole. Un acte psycho-magique est en effet un rituel qui peut aller de fabriquer un objet, écrire des lettres à des personnes disparues, porter des «déguisements», jusqu'à des actes violents comme boire son urine, écrire avec son sang... La palette des possibilités est large. Cela peut être une chose apparemment anodine ou au contraire «politiquement très incorrecte» avec des éléments comme le sang, le sperme, l'urine et en relation avec les zones intimes du corps comme le vagin, les fesses. Chaque détail y est construit sur mesure, sur le mode poétique, onirique ou choquant, en tout cas celui qui parle à l'inconscient. Tous les objets, les éléments qui composent un rituel deviennent « magiques », car chargés de significations pour l'inconscient.

Personnaliser le rituel est indispensable car c'est le rendre plus puissant. Il doit correspondre à votre vie et à votre traumatisme. Le rituel doit apparaître à votre inconscient comme étant la réponse tant attendue : les gestes, les objets, les prières d'intention doivent être signifiantes, à défaut le rituel n'aura aucune portée et aucun résultat.

Cependant, certains actes psycho-magiques restent quand même adaptables au plus grand nombre (exemples : la loi d'AMRA, le congélateur, le pot de miel, le cimetière…) car ils se rapprochent plus d'actes symboliques.

2 - SUCCES OU ECHEC D'UN ACTE PSYCHO-MAGIQUE

2-1 MIRACLE, MAGIE COÏNCIDENCE ?

Les personnes qui font appel à un rituel psycho-magique, évoquent souvent la notion de « miracle » quand elles obtiennent un résultat probant. Or, si un miracle est quelque chose d'inexpliqué et d'inexplicable, le fonctionnement d'un acte psycho-magique, en revanche, est clairement démontrable : la « magie » de l'acte opère parce que l'inconscient l'accepte comme réel ; pour l'inconscient, le symbole vaut réalité. Il faut garder à l'esprit que le langage de l'inconscient est différent du langage du mental. Le langage de l'inconscient se nourrit de visions symboliques, de métaphores, de projections d'énergies naturelles pour obtenir des effets désirés. Il opère selon des règles et une logique qui lui sont propres.
L'énergie psychique est composée de deux éléments : l'attention et l'intention. L'esprit humain concentre son attention sur quelque chose de précis, avec l'intention d'obtenir un certain résultat. Tout ce sur quoi je dirige mon attention se renforce. Tout ce sur quoi je retire mon attention s'atténue. L'attention active le champ d'énergie. Là où je pose mon attention, l'observation transforme la possibilité en réalité. L'intention est la clé de la transformation. L'intention active le champ d'information qui génère la transformation. Une intention est un moyen de satisfaire un besoin que l'on a, qu'il s'agisse de choses matérielles, de relations, d'accomplissement spirituel ou d'amour. L'intention crée les coïncidences, le hasard.
Le « miracle » serait donc une intention, un besoin, une pensée qui se réaliserait, de façon spectaculaire ou inattendue. Quand une personne est capable de se connecter au domaine spirituel et de mettre son intention en pratique, alors, la destinée se manifeste. Deepack Chopra, explique que le domaine virtuel n'est pas une création de l'esprit. C'est le miracle de la physique quantique. La vision symbolique est une intelligence particulière. Seule l'observation transforme les possibilités en réalité. Souvent, l'entourage parle de chance ou de coïncidences. Il considère que la chance existe en dehors de tout contrôle ; la

chance serait donc de l'ordre de la magie, du hasard. « La chance », disait Pasteur, « favorise l'esprit qui est prêt ». Le scientifique considérait la chance non comme due au hasard mais comme une réalisation concrète d'une intention magnétique lancé par une personne.

En définitive, le succès d'un acte psycho-magique est déterminé avant tout par l'intention que la personne a de réussir et de l'attention qu'elle posera sur les tâches qu'elle a à accomplir. L'acte est avant tout décision.

Le deuxième point essentiel dans la réussite d'un rituel psycho-magique est la compréhension de l'alliance que la personne doit passer avec son inconscient. Elle doit cesser de se battre contre elle-même pour apprendre à considérer son inconscient comme un allié et non comme un ennemi à éliminer ou à combattre. Elle doit commencer à avoir une attitude de compréhension envers elle-même. Je vous donne un exemple concret : une adolescente de 14 ans me racontait avoir été la victime d'un harcèlement moral et physique de la part d'une camarade de classe, harcèlement qui en était venu à une agression physique très violente puisque cette camarade avait tenté de l'étrangler ; elle me disait lutter constamment contre la peur et la rage qu'elle avait développé vis-à-vis de cette fille ; chaque fois que quelqu'un évoquait le nom de cette fille, chaque fois qu'elle repensait à ces épisodes, son corps réagissait violemment : elle tremblait, elle pleurait, elle faisait des malaises, elle poussait des cris... Cet état perdurait et pourtant cela faisait plus de 16 mois qu'elle n'avait plus revu cette personne. La jeune fille ne comprenait pas du tout ce qui lui arrivait étant de nature calme, réfléchie et heureuse de vivre. Ce qui contrariait d'autant plus la jeune fille c'est que dans ces instants là, elle ne faisait du mal qu'à une seule personne : elle-même ! D'où provenaient donc ces réactions excessives et incontrôlables de son corps ?

Hal et Sidra Stone[5] ont mis en lumière le fait qu'il y a des parties de nous qui sont dans les ténèbres et qui ne savent pas comment atteindre la lumière, excepté à travers nous. Ces parties veulent aussi, à travers nous, des réponses et des solutions. Nous

---

[5] Docteurs Hal et Sidra Stone : thérapeutes jungiens. Ils ont donné le nom "Voice Dialogue" à leur méthode développée dans les années 1980.

sommes en effet tous constitués d'une mosaïque de parts différentes psychiquement, chacune de ses parts, ou « programmes », a un besoin particulier. Nous avons tendance à différencier les parts d'ombre (nos peurs, nos échecs) et nos parts de lumière (nos confiances, nos atouts) comme si nous ne pouvions fonctionner qu'à travers une partie ou l'autre. Nous sommes constamment dans la dualité, alors que le plus important, est de pouvoir faire coexister les deux car toutes sont utiles en coexistence.

Imaginez que vous ayez l'intention de faire un voyage dans une contrée hostile... Le guide touristique vous met en garde : « Attention ! Cette contrée est très hostile : les serpents dangereux pullulent ; ils peuvent tomber sur vous du haut des arbres. Il y a des araignées, des jaguars... Vous pouvez rencontrer des personnes dangereuses ; même un animal mort peut vous empoisonner. Prenez vos précautions ! »

Vous préparez donc votre voyage. Comment vous préparez vous ?

Vous choisissez de vous équiper correctement et surtout vous faites appel à des spécialistes. Armés jusqu'aux dents, aguerris à la lutte, prêts à mourir pour vous protéger :

un commando d'élite de la violence extrême

un Rambo enragé

un kamikaze fou

Nous considérerons ce bataillon comme vos parts d'ombre (vos peurs, vos échecs, vos défauts – violence, entêtement, hargne...).

Mais vous vous entourez aussi de personnes prêtes à négocier, prêtes à vous apporter calme, réconfort et sérénité durant ce séjour :

un représentant de Jésus, de Bouddha, un chaman...

un être représentant la sagesse comme un lama tibétain, un Confucius

un autre la prudence

etc.

Ce sont vos légions de lumière (vos parts de confiance, vos atouts, vos dons).

Vous partez donc en voyage. Aïe ! Vous voici attaqués violemment de toutes parts. Qui va vous protéger le plus efficacement ? Ce sont vos parts d'ombre... Elles sont là pour ça.

La moralité de cette histoire, c'est que si vous luttez contre vos parts d'ombre, elles ne comprennent plus ; Elles se mettent à « vibrer » d'incompréhension, puis de colère, puis de rage avant d'atteindre le désespoir infini. Votre corps tout entier subit leurs pressions. Il y a tellement de pressions en lui, qu'il vous montre ce qui se passe : il génère chez vous des maux physiques (mal au dos constant, raideurs dans la nuque, tremblements, cris incontrôlables, pleurs, fractures…), à terme, une dépression (« des pressions »). C'est en ce sens qu'il est nécessaire d'accepter nos parts d'ombre (la colère, le critique, la folie, l'imprudence, la peur…), de communiquer avec elles non pas pour les aimer mais pour leur dire que nous les entendons et que nous les respectons pour ce qu'elles sont. Souvent, nous avons l'impression d'être sous un maléfice, une malédiction = Mal – Diction = mal dit. En observant et en respectant nos parts d'ombre, nous interrogeons enfin le symptôme ; nous portons attention à ces parties de nous contre lesquelles nous luttions et nous leur faisons la promesse d'agir en leur faveur pour le futur. Dès cet instant, nous les sécurisons. Elles cessent de vibrer au-delà de notre essence, elles cessent de vibrer à la fréquence des émotions négatives ; notre système énergétique tout entier est rééquilibré et les désordres physiques cessent. Dans le cas contraire, il y a de fortes chances que ces parts s'installent et perdurent pendant toute une vie... Ce n'est que lorsque nous prenons conscience de cette énergie en soi que nous pouvons faire l'expérience de la richesse de notre vulnérabilité.

J'ai expliqué tout cela à cette jeune fille. Je lui ai montré qu'elle luttait contre elle-même et contre les parts en elle qui s'étaient révoltées : la peur et la rage. Après avoir pris conscience de cela, elle a « communiqué » verbalement avec sa part de rage et sa part de peur ; elle a commencé à avoir une attitude de compréhension envers elle-même : il était bien légitime qu'elle ait eu peur et qu'elle soit en colère. Puis, elle a pris la décision de mettre en œuvre un processus d'actes psycho-magiques accompagné d'une prière d'intention qu'elle a accompli très sérieusement. Étonnamment, son corps a immédiatement réagi la nuit même du premier acte psycho-magique : elle a abondamment saigné du nez pendant son sommeil, signe que ses sinus, bloqués et en souffrance depuis sa dernière altercation avec cette fille, s'étaient réveillés ! La jeune ado avait pris en considération les signes que lui envoyait son inconscient depuis des mois...

Le succès d'un acte psycho-magique, ou de n'importe quel rituel, dépend donc aussi de la prise de conscience de la part ou des parts en nous qui sont en souffrance.

Il dépend bien évidemment aussi du sérieux dans la réalisation des actes. Tout rituel doit être fait en conscience, dans un moment d'attention et de calme.

2-2 LA PRIERE D'INTENTION, UN AUTRE RITUEL

Les prières sont des messages qui ont été transmis par des maîtres spirituels (Jésus, Bouddha, Krishna, chamans amérindiens...) pour nous aider à cesser d'être les victimes de l'existence et à en devenir les programmeurs. Grâce à la prière, je m'adresse à l'univers, à l'intelligence de vie ou à Dieu si je suis croyant. Tout comme un code de programmation d'un logiciel, la prière me met en rapport avec des mécanismes invisibles. Son but est de concevoir des mots qui permettent de réunir les conditions nécessaires pour établir un lien énergétique avec les Forces de la Création.

Bouddha, en avance sur son temps, disait : « *rien n'a jamais existé entièrement seul, car tout est en relation avec tout le reste* ». Il consacra le reste de sa vie à enseigner à ses disciples comment changer le monde en se changeant soi-même.

Jésus enseigna grâce à ses paraboles : *"Tu dois devenir les choses que tu choisis de vivre dans ce monde »*. Il nous a expliqué comment la compassion envers nous-mêmes, nous aide à résoudre un conflit, une situation, une circonstance désagréable par l'allègement d'une charge énergétique trop lourde, qu'un jugement potentiel aurait altéré. La parabole, à elle seule, peut résoudre la charge potentielle d'un événement pour atteindre une expression biochimique de la résolution et entrer en résonance dans cet espace allégorique, « au cœur de la pleine conscience », que nous pourrions nommer la compassion. La compassion : cette qualité spécifique de pensée, de ressenti émotionnel, dépourvue d'attachement au résultat. Jésus avait compris très tôt que notre réalité quantique est le reflet de ce à quoi nous portons attention et que, lorsque nous changeons nous-mêmes, nous changeons notre monde environnant.

Ainsi, je ne comprends toujours pas pourquoi notre Église catholique nous enseigne à nous sentir coupables au lieu d'être auto-responsables de nous-mêmes. Car Jésus a démontré que notre croyance en nos prières pouvait nous influencer, pour ne pas nous laisser submerger par la colère et l'injustice de ce qui nous entoure. Il nous a appris très tôt à aimer même nos ennemis (intérieurs*), c'est-à-dire les zones d'ombre que nous avons tous en nous, afin de les remettre à leur place et trouver « l'intention positive » qui se cache derrière toute apparence de malveillance. Naturellement… Seulement comprendre n'est pas admettre.

Tous ces maîtres spirituels nous enseignent à choisir soigneusement les termes de nos prières, afin que ces paroles suscitent certains sentiments précis et créent les effets désirés. La prière d'intention doit être écrite en choisissant avec attention les mots qui vont la composer car, comme le dit Pascal Rosnet[6], écrivain et ami : " *Les écrits sont des cris sans bruit dont les mots cachent des maux* ".

S'il paraît difficile de s'affranchir de certaines émotions, de certains sentiments, profondément enfouis, qui provoquent en nous des souffrances parfois très intenses, nous pouvons chercher à soulager ces « maux » psychologiques qui engendrent très souvent des maux physiques en les reliant au monde des mots. Les mots peuvent en effet avoir cristallisé en eux des expériences vécues par un individu. Ces expériences peuvent être bénéfiques ou stressantes. Dans ce dernier cas, un simple mot peut alors constituer l'événement programmant ou déclencheur d'une maladie, de façon inconsciente. Le mot révèle à la conscience ce conflit. " *Le mot s'écrit lorsque le mal hurle*" dit Pascal Rosnet. Le travail sur le mot est la base d'une réflexion sur nos maux psychologiques ou physiques. Il peut nous aider à résoudre nos conflits intérieurs. Comment un simple mot ou une association de mots peut-il guérir d'une maladie, d'un stress, d'un conflit, voire amené à une prise de conscience ? Sans doute ne touche-t-on pas ici à la structure du " miracle ". Et le " miracle " ne fait-il pas tout simplement partie d'une réalité tangible. Les mots représentent en effet des principes fondamentaux, entiers et complets en eux-

---

[6] Pascal Rosnet, auteur, ingénieur de profession, vit en Provence.

mêmes, conditionnés par nos expériences et nos perceptions sensorielles. Nous sommes des sculpteurs de mots. Le mot est une structure sémantique qui véhicule une représentation et cette représentation est avant tout subjective puisque reliée à l'expérience de l'individu, et à sa généalogie. C'est également un son, une vibration qui frappe notre oreille. Il est comme une cloche dont la forme conditionne le son quand on lui tape dessus. Pour peu que nos cellules soient également à la fois matière moléculaire et ondes, alors on peut imaginer qu'un mot pourra, par sa nature subjective et vibratoire, influer de façon spécifique sur nos cellules, et donc sur la maladie. Et le ressenti ? N'est-il pas une vibration connectée à une expérience ?

La réalité n'est pas seulement matérielle et concrète. Tout est énergie. La physique quantique dit que la matière que l'on croyait solide ne l'est pas et que la réalité concrète est déterminée par nos pensées.

La matière est l'énergie vibrant à la fréquence vibratoire la plus basse, la plus lente, la plus dense. Chaque personne vibre à sa propre fréquence, individuelle et personnelle. Chaque mot vibre également à sa propre fréquence*, selon l'intensité de nos émotions. Cette fréquence est plus ou moins élevée selon le niveau de conscience de chacun, sa capacité plus ou moins élevée à donner et recevoir l'amour. De la même façon, les mots qui ne portent pas notre signature vibratoire*, c'est-à-dire qui ne vibrent pas à notre essence, perturbent la transmission du système énergétique à la fois de notre corps et de notre esprit. Les émotions et les sentiments négatifs vibrent à une fréquence trop lourde pour nous de la même manière que les mots que nous utilisons pour qualifier ces sentiments. Or, en physique, la particule qui vibre le plus fortement entraîne les autres. Par conséquent, si deux éléments placés côte à côte vibrent à des fréquences différences, celui qui vibre le plus lentement syntonisera sa fréquence avec celle de l'autre par un effet d'entraînement. Il est important de briser cette loi dite « de l'entraînement » pour entrer dans la loi de la coexistence et de la liberté vibratoire. Vous mesurez ici à quel point les mots ont une grande puissance et un pouvoir énergétique extraordinaire.

La première étape vers la guérison est le simple fait d'identifier et d'entendre les mots qui reflètent ces sentiments.

Mettre en lumière les mots qui parlent de nos maux sera votre premier travail...

Pour ce faire, il est nécessaire d'utiliser un vocabulaire précis pour exprimer nos ressentis émotionnels exacts (souffrance, joie, culpabilité, découragement, tristesse...).
Si vous dites :

« Je suis en paix »

Ou

« Je suis nulle »

Pensez-vous avoir vraiment analysé ces mots « paix » ou « nulle » à leurs justes valeurs pour vous-même ? Car nous utilisons souvent des termes approximatifs, improbables voire erronés pour qualifier nos états d'être. Les mots restent creux et ne font rien résonner en nous. A l'inverse, lorsque le mot nous paraît juste, il devient libérateur, conducteur, et peut guérir nos émotions et certains de nos comportements. Ce mot épuré fait ressortir le meilleur en nous ou le mauvais en nous. Si nous souhaitons voir se réaliser un objectif, nous devons d'abord trouver les mots justes. Le mot juste permet ainsi un recadrage verbal. A partir des mots justes pour nous, nous pouvons alors commencer à entrer en contact avec nos ressources, souvent oubliées, et pourtant potentielles. Robert Dilts[7] explique que le mot juste est au niveau de l'identité. Le dictionnaire (synonyme et antonyme) est un outil précieux. Comme il condense la mémoire universelle, il est riche de termes dans lesquels nous allons pouvoir choisir le terme qui convient le mieux pour qualifier nos émotions, pour évaluer leur degré, puis pour trouver son opposé, son antonyme. Nous commençons ainsi le chemin vers le nœud de nos émotions.

Lorsque vous pratiquez cette analyse de mots, vous faites appel à votre cerveau gauche. A présent, vous allez faire appel à votre cerveau droit, à votre part créative, pour rendre tangible vos émotions, leur donner du sens. C'est une sorte d'ancrage.

Il y a les mots que l'on dit, les mots que l'on pense, les mots que l'on sent, les mots qui font penser à une musique, à une odeur ou à une saveur particulière. Il y a des mots qui tuent et des

---

[7] Dilts Robert : Auteur, formateur et consultant américain travaillant dans le domaine de la Programmation Neurolinguistique

mots qui redonnent le goût de vivre. Il y a le vocabulaire de nos sens auquel nous nous référons tous sans y prêter une attention particulière, tant nous y sommes habitués.

Par exemple,

- Un « sale coup » ou « un coup dur » font référence au toucher kinesthésique.
- Une « douleur stridente » nous renvoie à l'ouïe et peut évoquer une musique cacophonique aiguë.
- Une « souffrance amère », engage le goût.

Un mot, une phrase, peut nous renvoyer à nos 5 cinq sens. C'est ce que la Programmation Neurolinguistique nomme VAKOG (**V**isuel- **A**uditif- **K**inesthésique- **O**lfactif- **G**ustatif). Concrètement, il est nécessaire d'avoir une perception sensorielle d'un mot (ou d'une phrase), nous renvoyant à notre émotion car l'être humain ne perçoit la réalité qu'à travers ses 5 sens. C'est rendre « tangible » une émotion ;

- C'est la rendre visible en créant, en trouvant, en imaginant, une couleur, une peinture, un dessin, une sculpture... En cherchant à former l'image la plus proche de notre émotion ; vous pouvez trouver une image dans le tarot zen, dans un livre, une affiche...
- C'est la ressentir corporellement (kinesthésie) par des sensations primaires (telles que la chaleur ou des picotements ou ...) ou par des sensations secondaires (telles que le chagrin, le bonheur...)
- C'est l'entendre (des sons, une musique, un rythme...)
- C'est la goûter en imaginant une saveur (l'amertume, l'acidité, la douceur du sucre...)
- C'est la sentir en évoquant une odeur (la rose, les ordures, l'excrément, l'urine de chat, la brioche, le chocolat...)

Exemple d'une personne qui déclare : « *je ne suis jamais satisfait(e) de ce que j'entreprends. J'ai besoin de tout contrôler* ». Pour donner une perception sensorielle de cette émotion, vous pouvez faire ce questionnaire :

- Si le contrôle représentait un symbole, une image, une profession, comment le verrais-je ? Réponse possible : « *je le vois comme un juge impartial,*

psychorigide habillé tout en noir, le front plissé et les yeux sévères. »
- Si le contrôle était une musique, quelle serait-elle ? Réponse possible : « *ce serait une musique obsessionnelle* ».
- Si le contrôle était une sensation physique, quelle serait-elle ? Réponse possible : « *Je sens que lorsque j'ai besoin de tout contrôler et que l'insécurité émotionnelle est à son maximum, mon plexus solaire se crispe et j'ai du mal à respirer.* »
- Si le contrôle avait un goût, quel serait-il ? Réponse possible : « *le contrôle, c'est l'acidité d'un citron* »
- Si le contrôle avait une odeur, quelle serait-elle ? Réponse possible ; « *le contrôle a l'odeur du fer rouillé* ».

L'être humain a tendance à privilégier l'un de ses 5 sens. Ce sera la vue pour l'un, l'ouïe pour un autre ou le toucher pour un autre. Si nous privilégions un sens ou deux par rapport aux autres, ils auront une longueur d'onde différente. Par conséquent, ses sens vont développer un taux vibratoire différent.

Pour résoudre cela, nous pouvons faire une prière d'intention...

La prière d'intention (à faire chaque soir avant de s'endormir ou chaque matin avant de se lever) :

• « *Je commande à l'intelligence de mon corps /esprit, de faire vibrer à mon essence, mes cinq sens au taux le plus élevé toléré par mon système nerveux au point zéro*. Que mon corps le sache et l'intègre* ».

La transition vers un état d'être plus juste pour vous ne peut se faire uniquement par le concept, le mental. Vous avez besoin d'un outil pour intégrer et programmer ces mots justes dans votre corps/esprit. La prière d'intention est cet outil. Par elle, vous passez commande d'un nouveau programme meilleur pour vous, programme qui inclue à la fois une polarité positive et une polarité négative. Emettre une intention vous redonne le contrôle sur votre vie. Vous choisissez et ne subissez plus. La prière d'intention est à mettre en regard avec les prières chamaniques. Elle est du domaine des rituels quantiques.

Dans la prière, nous mettons en relation l'attention et l'intention en insérant les deux polarités justes pour nous. Pour réaliser cette coexistence, il existe un espace, un « lieu », un point d'équilibre où tous les opposés coexistent sans se mélanger ni s'affronter ; un lieu de médiation où l'on garde deux choses différentes en présence l'une de l'autre ; on peut le nommer « la voie du non-jugement », « l' espace non duel », « le cœur de la pleine conscience » et encore le « paradis terrestre » par les chrétiens, ou « Yin et yang » du symbole tai chi des asiatiques... En référence aux écrits de Gregg Braden*, j'appelle ce lieu « Point Zéro ». Le point Zéro (instant présent, point d'équilibre) c'est faire coexister deux polarités opposés en mouvement qui communiquent entre elles et s'équilibrent sans qu'aucune des deux ne prédomine. Le point zéro peut être visualisé comme un point fictif au milieu d'une ligne droite comportant une polarité négative à une extrémité et une polarité positive à l'autre. La force positive s'avère optimale en raison de son potentiel mis en action par la présence de la force négative correspondante. Les deux polarités se maintiennent en équilibre parfait, sans s'unifier comme les deux pôles d'un aimant[8] (pour approfondir, je vous renvoie au livre). Nous pouvons le considérer comme le centre de notre divinité, centre qui permet à toutes choses de coexister sans que l'un annule l'autre (l'ombre et la lumière, la grandeur et la petitesse, la chaleur et la fraîcheur...). Cet espace permet d'élargir notre vision restrictive afin de pouvoir regarder tous les aspects de nous-mêmes sans jugement, « Sans juge intérieur qui nous ment ». Nous accueillons tout ce que nous sommes dans cet espace de médiation. C'est à partir de cet espace de pleine conscience que nous apprivoisons notre propre blessure, comme si notre corps de souffrance nous demandait une attention particulière. Lorsque nous plaçons nos oppositions au « Point Zéro », nous donnons un autre sens, un nouvel espace d'expression à nos problèmes.

En définitive, lorsque vous choisissez de réaliser une prière d'intention au point « zéro » pour programmer la polarité négative en coexistence avec la polarité positive dans votre

---

[8] Kishori Aird

corps/esprit, vous choisissez de vous détacher du « mental » et par là même :
- du jugement (« juge –ment »)
- de l'inspection du mental
- de l'analyse du mental
- de la justification du mental
- de la critique envers tout émise par le mental

Par la prière, nous magnétisons notre intention consciente. L'attention et l'intention rendent la prière tout autant agissante qu'efficace et l'ancrent dans le quotidien.

Vous allez programmer les mots justes avec tous les sens que leur ont donnés à la fois le cerveau gauche (définition, synonymes, antonymes) et le cerveau droit (images, sons, gestes, odeurs, saveurs...) dans votre corps/esprit. Cette programmation se fait par un rituel (chaque jour pendant 21 jours) exercé par un support (la prière d'intention). Lorsque vous avez pris la décision, il faut en moyenne 21 jours pour que le cerveau « intègre » ce nouveau programme puis l'utilise automatiquement, comme un programme d'ordinateur, lorsque vous vous retrouverez dans la situation où l'émotion négative naît chez vous.

Le meilleur moyen d'intégrer votre prière est de vous mettre en état de relaxation. Choisissez un moment où vous êtes tranquille, installez vous dans un endroit calme, relâchez vos tensions en écoutant de la musique, en respirant tranquillement quelques instants. La prière est à faire soit plusieurs fois dans la journée, ou le soir avant de s'endormir, ou le matin avant de se lever.

Voici un exemple d'écriture d'une prière d'intention.
Supposons que vous souhaitiez être paisible parce que dans votre vie en ce moment, vous vous sentez stressé(e), irrité(e)... Vous formulez votre intention ainsi « je voudrais être paisible ».

1ère étape : commencez par vous interroger. Le mot « paisible » est-il le mot juste pour l'état d'être auquel vous aspirez ?
- Cherchez dans le dictionnaire des synonymes le mot « paisible ». Le dictionnaire des synonymes contient cette liste (non exhaustive) : « calme, doux, pacifique, peinard,

placide, posé, serein, silencieux, tranquille ». Tiens ? Le mot « serein » résonne en vous. Il vous parle d'avantage, il « sonne » plus aisément que les autres en vous ; vous le sentez plus adapté à votre ressenti. (Peut-être aussi qu'après toutes vos recherches, le mot « paisible » restera le mot juste pour vous).

- En fait, le mot « paisible » n'était pas le mot juste pour vous car votre véritable objectif est d'avoir accès à un état d'être plus « serein ».

Vous avez donc trouvé le mot juste pour vous.

2ème étape : à présent, il vous faut trouver le mot juste qui correspond à l'opposé de l'état d'être « serein ».

- Dans le dictionnaire des antonymes, vous cherchez l'opposé du mot « serein » qui vous correspond le plus. Vous trouvez cette liste (non exhaustive) : « affairé - affolé - agité – anxieux – coléreux – effaré - emporté – fâché – fou - fougueux - furieux – inquiet - nuageux - pétulant – tendu. » Vous constatez que les mots sont plus ou moins intenses. Etre « affairé » n'a pas la même intensité qu'être « furieux ». Le mot qui résonne en vous, montre l'intensité de votre émotion.
- Choisissez dans cette liste d'antonymes, le mot qui résonne le plus en vous. Pour notre exemple, disons que le mot choisi est « furieux ».

Avec les mots « serein » et « furieux » vous avez les deux polarités des mots exprimant votre ressenti

3ème étape : vous avez donc trouvé les outils « justes », que j'appelle les charges négatives et les charges positives. L'état d'être « furieux » représente votre polarité négative par rapport à votre polarité positive d'être « serein ». Pour pouvoir les intégrer au point zéro, c'est à dire en un lieu où ils pourront coexister sans que l'un annule l'autre, vous allez réaliser une « prière d'intention ». Elle va jouer le rôle d'un outil à intégrer et programmer ce sentiment en vous, corps et esprit.

4ème étape : la prière d'intention :

Dans la prière, on retrouve tous les éléments que je vous ai expliqués pas à pas :

- L'intention et l'attention = le magnétisme, l'activation du champ d'énergie
- Le cœur de la pleine conscience = nommé aussi le Point Zéro ou le paradis terrestre chez les chrétiens ; c'est l'espace de médiation où tout coexiste.
- L'intelligence innée de vie = l'Univers, Dieu, la Source, l'énergie qui nous entoure...
  C'est cette force vitale qui fait vibrer l'atome. Il y a plus de vide que de matière dans l'atome ; c'est dans ce vide que réside l'intelligence innée de vie. C'est elle qui reconnaît les distorsions énergétiques de mon environnement ou lorsque je capte l'émotion de quelqu'un d'autre.
- L'état d'être = les mots justes
- La fréquence de votre essence = votre juste champ vibratoire

Une fois que tous les termes sont expliqués, vous comprenez que la prière d'intention peut être adaptée à vos croyances et à vos besoins : vous pouvez par exemple, remplacer « Intelligence innée de vie » par « Dieu », ou par « Univers » ; vous pouvez aussi remplacer « Cœur de la Pleine conscience » par « espace de médiation » ou « Point Zéro » ; vous choisirez de remplacer « furieux » et « serein » par les mots justes pour vous...

Voici la prière :

« Par le pouvoir de l'intention que j'ai de me sentir bien
Et par le pouvoir de l'attention que je mets sur mon état d'être,
Je commande à l'intelligence innée de mon corps/esprit et à
l'intelligence innée de vie (Ou Dieu, ou L'Univers ou La source)
Que l'état d'être furieux (ou le mot juste pour vous) *coexiste*
avec l'état d'être serein (ou le mot juste pour vous) *;*
Que cette coexistence vibre au cœur de la pleine conscience (ou
au point zéro, ou en un espace de médiation)
À la fréquence de mon essence aux taux maximum toléré par mon
système nerveux,
Même si parfois je me sens découragé(e) par toutes ces luttes
intestines.
Que mon corps le sache et l'intègre.
Et je laisse agir. » (Ou Ainsi soit il ou Que cela soit accompli...)

La magie s'opère naturellement lorsque nos prières, composées de mots justes pour nous, deviennent des commandements, des sommations, des ordres... Une prière juste provoque l'obtention de l'effet voulu. Quand la prière est récitée sans être appropriée à nos objectifs, ou dite machinalement, elle reste une simple invocation sans consistance ; elle devient routinière. En psychomagie, les mots dans les prières ont une importance considérable. De la même façon, un rituel non compris n'a aucune valeur ni aucune puissance énergétique, car il est nécessaire d'avoir à la base, la conviction profonde de la réussite.

2-3 L'EQUIVALENCE MENTALE[9]

Sème une pensée -Tu récoltes un acte
Sème un acte -Tu récoltes une habitude
Sème une habitude -Tu récoltes un caractère
Sème un caractère -Tu récoltes un destin

Il existe une équivalence mentale pour chaque objet ou chaque événement. Sur le plan physique, la métaphore en acte ou l'acte psycho-magique est une équivalence mentale de la pensée, donc de notre monde intérieur. Une équivalence mentale consiste donc à fabriquer au dehors ce qui est au dedans de nous. Si la pensée est « dedans », la manifestation de l'expérience est « dehors ». Dans un acte psycho-magique, le dedans se projette au dehors. C'est expérimenter, extérieurement, ce que je pense et je ce que vis intérieurement. Plus je pousse une porte qui se ferme de l'intérieur, plus la tension me la ferme. Lorsque je cesse la pression, la détente ouvre la porte.

Le secret d'une expérience de vie en harmonie avec sa propre essence (son soi) est de construire une équivalence mentale de ce dont j'ai besoin (et qui est vital) et de la faire coexister avec l'équivalence mentale de ce dont je n'ai plus besoin fondamentalement, dans un espace de médiation ; ensuite, nous devons laisser agir l'intelligence innée du corps, vers ce qui est le plus juste pour soi, même si notre mental n'est pas conscient de

---

[9] Equivalence mentale : Synonyme ; similaire, égal, identique.

ce qu'il ne comprend pas. En effet, la loi mentale veut qu'on ne se débarrasse d'une pensée qu'en lui substituant une autre. Pour chaque pensée, il faut une équivalence mentale.

« La porte s'ouvre vers l'extérieur et je demande à l'intelligence de vie de me le rappeler tous les jours ».

CHAPITRE DEUX

Les rituels, actes psycho-magiques et prières d'intention

1 - PETIT PREAMBULE A TOUT RITUEL PSYCHO-MAGIQUE

L'inconscient fonctionne comme un ordinateur. Les réponses de l'inconscient dépendent des données qui y ont été entrées. Les prières d'intention, les actes psycho magiques, les rituels, les actes symboliques, tous ces éléments que je vous propose sont un moyen d'entrer des nouvelles données dans votre ordinateur ; ces nouvelles données ont pour but de proposer à votre inconscient un nouveau choix plus juste pour vous. Il cessera alors de choisir les anciennes données négatives pour vous. A terme, vous pourrez même reformater votre ordinateur personnel en effectuant un nettoyage des mémoires réactives.

1 – 1 LES 3 CLES : « POURQUOI PAS », « FAIRE COMME SI », ET « MEME SI »

Je répète souvent aux personnes qui viennent me consulter et qui doutent de la réussite de l'acte psycho-magique que je leur propose : « Rappelez vous ces trois expressions : « *pourquoi pas ? Faire comme si ! Et même si...* » Car elles vous enseignent trois choses :

- Pourquoi ne pas tenter une nouvelle expérience ? Vous pouvez être surpris du résultat. Répétez vous ceci : après tout « pourquoi pas ? »
- Je vous demande d'imaginer que votre désir peut être réalisé, je vous demande de « faire comme si » l'acte que vous accomplissez était la réalité (vous faites « comme si » vous avez réellement parlé avec votre père décédé ; vous faites « comme si » vous aviez vraiment battu votre ennemi...).
- Vous accomplirez cela en dépit du fait que vous ne croyez pas que cela soit possible ou que vous doutez du résultat, vous agirez « même si » pour vous c'est impossible.

Voici un petit texte à répéter pour vous mettre en confiance. Répétez-le tout en frappant sur le point Karaté de votre main. Le point karaté est situé sur le tranchant de la main, entre la base de

l'auriculaire et le début du poignet, c'est-à-dire, cette partie de la main avec laquelle vous donnez un coup de karaté. C'est un petit truc appartenant à la Technique de Libération des Emotions :
« *Je fais confiance à mon rituel même si mon mental n'est pas conscient de ce qu'il ne comprend pas. Que mon corps le sache et l'intègre, qu'il en soit ainsi* ».

Plus il nous est difficile de réaliser l'acte psycho-magique, plus les bénéfices que nous en obtiendrons seront grands. Lutter inlassablement vers un but qui nous semble inaccessible développe notre énergie vitale. Plus les actes semblent impossibles à réaliser, plus cela décuple notre énergie vitale.

1 – 2 L'ENGAGEMENT PERSONNEL

Pour réussir un acte psycho-magique, la personne doit accepter tous ses désirs, quels qu'ils soient (incestueux, bisexuels …) et toutes les perversités polymorphes. Derrière chaque symptôme, maladie ou autre, se trouve l'interdiction de faire quelque chose que nous désirons ou l'ordre de faire quelque chose que nous ne désirons pas. Quelque soit la guérison du corps ou de l'âme, il est important de désobéir à l'interdit ou à l'ordre reçu. Pour désobéir à l'ordre de faire quelque chose que nous ne désirons pas, il faut :
- Se débarrasser de la peur enfantine de ne pas être aimé ou de se sentir abandonné.
- Ne plus essayer d'être ce que les autres ou ses parents attendent de soi ; à défaut, il y a transformation de sa propre beauté intérieure en maladie.
- Prendre la décision de guérir ou de cesser de souffrir d'une situation. Ce que Jodorowski résume en disant : « Tu *lèves tes fesses de ta chaise et tu fais quelque chose pour toi !* ». C'est prendre la décision de se créer un futur heureux, c'est se visualiser dans une situation attirante, c'est apprendre à satisfaire ses besoins essentiels.

La stratégie de décision conditionne la réussite de l'objectif à atteindre. Avant toute tentative de psychomagie, il convient de se mettre en situation de réussite. Pour cela, je préconise certains engagements personnels.

- **Une prière d'engagement** :

Dire à haute voix un texte destiné à projeter votre inconscient dans un processus de prise de décision :

« Avec mes peurs et mes doutes,
Je commande à mon esprit inconscient,
Qu'à travers ce rituel dont l'objectif est (citez votre objectif)
Avec respect et amour,
Dans un état d'être au présent, au cœur de la pleine conscience,
De m'engager à respecter le processus de cette décision,
Pendant tout le voyage que durera ce rituel,
Même si je suis pressé(e) d'arriver à destination.
Que mon corps le sache et l'intègre »

- **Signer un contrat d'engagement personnel :**

Pourquoi signer un contrat ? Pour bien faire comprendre à votre esprit inconscient, que votre décision est prise, et que votre serviteur, le cerveau, peut s'engager à programmer votre objectif et, ainsi, vous motiver à travers tous les actes posés.

Voici un contrat type que vous pouvez reprendre :

« Moi, (citer nom et prénom)*, né(e) le* (citer date de naissance)
A partir du premier jour de la nouvelle lune, et ce, pendant 22 jours, tel le chemin initiatique du bateleur du tarot,
Je m'engage pour les périodes que dure cette expérience
À une lecture journalière des commandes,
À faire mes pages du soir et à les relire chaque matin
À un rendez-vous journalier avec le médiateur à l'intérieur de moi
À faire une évaluation de mon engagement.
Je suis conscient(e) que je m'achemine vers une rencontre intense avec moi-même, guidée par ma propre créativité.
Je m'engage à respecter la décision que j'ai prise
Concernant cet objectif (citer l'objectif et le visualiser)*,*
Même si c'est nouveau pour moi.
Que mon corps le sache et l'intègre.
Qu'il en soit ainsi ».

- **Un rituel d'engagement personnel** :

Cet engagement n'est qu'une cérémonie formelle qui témoigne de votre décision réfléchie d'embrasser un nouveau mode de vie. Soyez conscient que le meilleur rituel est celui que vous créez vous-même. Le plus simple, c'est de mettre en place, un acte qui vient du cœur, car celui-ci constituera peut être la meilleure forme de rituel d'engagement personnel.

Voici un type de rituel :

-   Prendre un bain ou une douche,
-   mettre un peu de sel (dilué dans de l'eau) sur un gant de toilette.
-   Ajoutez quelques gouttes d'huiles parfumée de santal (ou de l'huile essentielle de citron, lavande ou pamplemousse) dans un peu d'alcool et de l'eau (pure, l'huile essentielle peut vous brûler).
-   Puis, avec le gant frottez-vous tout le corps.
-   Si vous allez à la mer ou près d'une rivière, vous pouvez vous y baigner.
-   Vous pouvez boire un grand verre d'eau magnétisée. En prenant une grande inspiration et à l'expiration, dites : « *corps, je te purifie, ainsi que mon mental, pour recevoir cette décision importante pour moi et ainsi je m'engage à respecter ce rituel.* »

Et rappelez-vous ceci : « *Sans discipline, l'existence ne serait qu'une illusion* ».

1 – 3 - L'ACTE D'AMOUR POUR SCELLER NOTRE RITUEL

Tous les actes de psychomagie doivent finir dans le positif. Il est vrai qu'ils sont souvent porteurs d'un sens négatif ; à terme, pour transcender notre acte, pour qu'il devienne synonyme de bonheur et de réussite, et surtout d'amour, vous devez faire un acte porteur d'un sens positif, de pardon, de compassion ou d'amour. Cette charge émotionnelle est indispensable. A défaut, le sentiment de colère ou de haine ou de désespoir... restera en vous et ne sera pas transcendé par votre inconscient. Votre inconscient passe en trois étapes de la colère (ou de la tristesse ou de l'agacement ou de la haine) à l'indifférence puis à un sentiment positif. C'est un processus de transformation des mémoires.

A.Jodorowski propose certains ingrédients ou certains actes qui, pour lui, sont extrêmement positif : l'utilisation du miel, l'or de la terre, la plantation d'un arbre ou d'une plante fleurie, l'offrande d'un cadeau...

Ces actes ont tous une signification :

- Si on vous demande d'enterrer quelque chose, vous devrez planter un arbre, une plante fleurie ou une fleur vivace au-dessus. Symbole de renaissance. La terre purifie ce qui a été enterré impur.
- Si on vous demande de brûler quelque chose de néfaste, vous boirez une pincée des cendres dans un verre d'eau : vous vous administrez le vaccin en buvant le mal, il devient anticorps.
- Si vous « bloquez » quelqu'un, vous lui ferez un cadeau ou vous placerez sa photo dans le miel. Symbole d'entente.
- Jeter des galets dans l'eau d'une rivière, d'un fleuve, dans la mer : l'eau a un chemin perpétuel, elle court, elle coule et entraîne avec elle ce que vous y avez jeté. Elle purifie et transforme les petits galets et efface vos tourments.
- Le miel, les bonbons, une bouteille de liqueur sucrée représentent l'amour et la sagesse.

Ainsi la souffrance ou la haine d'un amour qui n'a pas été partagé donne une fin plus acceptable, et notre corps/ esprit peut vibre davantage à notre essence.

- Au lieu de ruminer l'impossibilité de poser cet acte, proposer à la réalité de l'intelligence innée de vie de vous venir en aide.

1-4 LES ELEMENTS UTILISES DANS LES RITUELS

Quelques éléments reviennent régulièrement dans les actes psycho-magiques. Le sang, l'urine, les excréments humains ou les excréments d'animaux, l'eau de source, l'eau bénite, la salive, la terre, les pierres. Tous ces éléments sont très chargés de sens.

L'eau : l'eau sert à purifier, à laver, à nettoyer. C'est un catalyseur de mémoire.

La cendre : dans la plupart des actes psycho magique, les objets utilisés lors du rituel sont brûlés. Lorsque l'on boit une pincée de cendre (avec de l'eau ou du jus de fruit), cela représente une sorte de vaccin : absorber par notre organisme, le mal devient un anticorps.

Le sang : Notre propre sang est le symbole de notre identité et de l'identité familiale. Il porte en lui notre énergie vitale, l'essence même de ce que nous sommes. Il est chargé de notre vécu, notre histoire avec ses joies et ses malheurs. Quand vous utilisez votre sang, vous mettez en scène un élément très fort qui vous implique totalement. Les chances de réussite sont donc démultipliées.

> « *L'adepte grâce à sa volonté magique est capable lors d'un rituel, consciemment ou inconsciemment, d'opérer une transmutation alchimique à l'intérieur de lui-même* »
> (C.Bernardes).

Le sang menstruel est également un élément du corps dont la force vitale est considérable dans les actes psycho-magiques. Si l'homme porte en lui une part de féminin, seule la femme saigne. Le sang menstruel signe l'identité de la femme. Celui-ci est l'une des sources de fertilisation et de démarcation territoriale les plus efficaces. Vous pouvez diluer votre sang avec de l'eau pour en augmenter la quantité.

L'urine : marque le territoire, la maison, la frontière entre notre espace et l'espace extérieur.

La salive : porte notre ADN.

2 - Liste non exhaustive de rituels

Un acte psycho-magique reste personnel. Néanmoins, il est possible d'adapter un certains nombre d'entre eux à la plupart d'entre nous. J'ai choisi des actes psycho-magiques que vous pouvez reprendre pour vous en les adaptant si nécessaire. Sachez que vous pouvez faire plusieurs prières d'intention à la suite, chaque prière apportant un élément en particulier.

Voici une prière générale que vous pouvez faire chaque fois que vous vous sentez impuissant(e) par rapport à une situation mal vécue ou impossible à régler :

Par la grâce et le pouvoir que m'accorde l'intelligence de vie
Je commande à mon esprit inconscient :
La force de changer ce que je peux changer
Le courage d'accepter ce que je ne peux changer
La sagesse d'en comprendre la différence
Tout en amplifiant la fréquence vibratoire de mon essence à son taux le plus élevé (toléré par mon système nerveux) en étant dans l'amour de moi au point zéro*
MÊME SI mon mental n'est pas conscient de ce qu'il ne comprend pas.
Que mon corps le sache et l'intègre. »

ABANDON : « *remplir le vide de l'absence* »
= Lorsque je me sens abandonné, je ressens un manque, un vide. Comment remplir un vide ? Comment guérir de quelque chose qui n'est pas, qui n'est plus ? Pour « remplir » le manque, Jacques Salomé, psychosociologue et auteur de nombreux ouvrages sur la relation et la communication entre les êtres, préconise de porter sur soi un objet symbolique, objet que l'on portera jusqu'à ce que la souffrance de l'absence s'estompe. Il est important que cet objet soit représentatif de l'émotion suscitée par la réparation que l'on attend. L'abandon ressenti peut être le rejet par vos parents, par un conjoint, par un enfant, par des amis ; vous vous êtes senti(e) trahi(e) et vous souffrez d'un vide intérieur indéfinissable.
<u>Acte psycho-magique</u> : **« la pierre »**

Vous allez fabriquer une métaphore de la situation que vous avez vécue, c'est-à-dire le leurre pour attirer votre conscient pendant qu'un message est adressé indirectement à votre inconscient. La métaphore est concrétisée ici par une pierre. C'est l'objet que vous allez portez sur vous pour symboliser le rejet, une pierre de couleur vert kaki ou marron, couleur d'un excrément qui sent mauvais et que l'on rejette.

-   Choisissez une pierre d'une couleur qui évoque l'excrément pour vous ou bien prenez un galet et peignez le dans cette teinte.
-   Portez cette pierre pendant 22 jours (Le chiffre 22 est symbolique des cartes majeures du tarot de Marseille qui compte 22 lames du Bâteleur (n°1) au Mât (N°22). Ces 22 lames symbolisent tout un cycle.
-   A l'issue de cette période, allez au bord de la mer ou au bord d'un fleuve ou d'une grande rivière. Tournez le dos à l'élément liquide et jetez par dessus votre épaule cette pierre imprégnée de vos angoisses ;
-   Puis, dites cette prière au bord de l'eau ; vous répéterez cette prière pendant 21 jours chaque matin :

Prière d'intention :

Chercher dans le dictionnaire la définition de l'abandon puis son antonyme, son opposé.

Dans le dictionnaire, on trouve Abandon = rejet, abdication, apostasie, arrêt, capitulation, concession, défaite, défection, démission, désertion, désistement, don, enterrement, épanchement, fléchissement, forfait, incurie, inoccupation, isolement, laisser-aller, plaquage, reculade, reddition, rejet, renoncement, renonciation, résignation, retrait, suspension.

Dans le dictionnaire des antonymes, on trouve à Abandon = acquisition addiction adoption appropriation appui assistance conquête conservation contre-attaque détention discipline dynamisme effort endurance engagement entêtement entretien fermeté fréquentation persistance maintien occupation persévérance persistance possession résistance respect secours soin soutien victoire.

Choisir les deux mots qui résonnent en vous, les mots justes pour vous. Ces deux mots vont vous permettre de formuler la prière d'intention que vous lirez chaque jour pendant 21 jours :

« Par le pouvoir de l'abandon
(Remplacer le mot « abandon » par le mot qui résonne en vous ;
pour vous, cela peut être « isolement » ou « rejet » par exemple)
Coexistant avec la protection
(Remplacer le mot « protection » par le mot juste pour vous.
Cela peut être « respect » ou « adoption » ou « secours »)
Dans l'état présent
Je commande
(Remplacer les mots « je commande » par le verbe qui résonne en
vous par exemple « je demande » ou « je prie » ou...)
À l'intelligence de vie
(Remplacer « Intelligence innée de vie par « Dieu » ou
« univers » ou « Source » ou « Energie vitale »...)
De nettoyer ma mémoire encombrée par ces pensées parasites
Tout en donnant tous pouvoirs à la mer (au fleuve, à la rivière)
pour purifier cette pierre chargée d'indésirables tourments.
Même si le désir de vengeance est souvent présent
Que mon corps le sache et l'intègre.
Qu'il en soit ainsi. »

AMOUR   *« Je voudrais trouver une relation d'amour
harmonieuse» / « je voudrais une relation d'amour stable »*
= Il est important de se rappeler que le fondement d'un amour
durable et harmonieux est l'état d'être. L'état d'être de la
personne qui vit à vos côtés passe avant son apparence physique,
ses capacités financières ou son intelligence. Il vous faut trouver
avant tout une personne qui sera en harmonie avec votre essence ;
ensuite, vous pourrez envisager une relation stable.
<u>**Acte psycho-magique :**</u>
- Réalisez le modelage d'un corps imaginaire d'homme ou de
femme, soit en argile, en papier mâché, en siporex, en
plâtre... ou autre matière Si vous n'avez pas envie de le
modeler vous pouvez aussi dessiner un corps entier. Dans
tous les cas, figurez le sexe de l'homme ou de la femme.
- une fois la sculpture ou le dessin terminé,   peignez le corps
en doré ; entourez le pénis d'une feuille d'or 24 carat (feuille
d'or semi-fin). Recouvrez le sexe de la femme de même.

- Puis écrivez sur le corps imaginaire tout ce que vous souhaitez avoir dans cette relation. Décrivez cette relation au présent « elle existe déjà ».
  Exemple : je t'aime et tu m'aimes, j'aime ta gentillesse, ton honnêteté etc....
- Allumez une bougie et récitez-la ou (les) prière(s) d'intention ; Dès que la bougie s'éteint, en rallumer une autre jusqu'à la fin du rituel de 21 jours. Lorsque le rituel de 21 jours est terminé continuez les prières d'intentions et placez les dessins ou la sculpture dans votre chambre, bien en vue.
- Quand vous aurez trouvé la personne parfaite pour vous, vous brûlerez votre peinture. Une sculpture ne peut pas être brûlée si elle est faite en argile, en spore ou en plâtre. Enterrez-la et plantez une plante fleurie dessus.

Prière d'intention : (*Trouver une relation d'amour harmonieuse*)

Par le pouvoir de l'attraction et de l'intention,
Je commande à mon esprit inconscient
De choisir pour moi un espace quantique qui attire vers moi une relation de couple en harmonie avec la fréquence de mon essence.
TOUT EN créant une intention stable et harmonique.
MEME SI je ne sais pas comment.
Que mon corps le sache et l'intègre.

Prière d'intention : (*Trouver une relation stable avec un homme ou une femme*)
Selon la loi de l'attraction et par le pouvoir de l'attention et de l'intention au point zéro,
Je commande à l'intelligence innée de vie
De vivre une union dans l'état d'Amour de soi au maximum avec un homme (une femme) qui vibre en harmonie avec ma fréquence énergétique
Dans une relation stable et sécurisante.
Même s'il (si elle) n'a pas l'apparence que j'aurai imaginé.
Que mon corps le sache et l'intègre.
Qu'il en soit ainsi »

47

Anxiété : voir chapitre « témoignages »

ARGENT : « *J'ai du mal à gagner de l'argent* »
= je me donne une grande valeur pour m'autoriser à gagner de l'argent

Acte psycho-magique **:** « le cadre doré »
- Fabriquer un cadre avec des baguettes de bois, des morceaux de bois flottés, ou tout autre élément qui vous convient ; Si vous préférez acheter un cadre vierge, nettoyez-le avec de l'encens de sauge pour le purifier.
- Peindre ce cadre avec de la peinture à l'eau couleur or (peinture acrylique ou gouache)
- Peindre le fond du cadre en doré.
- Placer une somme d'argent (même symbolique, par exemples des photocopies de billets ou des images) épinglées en éventail : 500 , 50 , 5 . La somme ou la quanti té d'argent doit correspondre à la quintessence (5.000.000,500.000, 500 , 50 , 5 billets de 5).
Ces billets représenteront le garde-fou de la confiance en vous. Le chiffre 5 est symbolisé par l'arcane du Pape dans le Tarot de Marseille. Le Pape représente la bénédiction. En créant ce cadre avec des billets dont la totalité est un multiple de 5, vous créez un talisman où vous symbolisez la confiance en vous et la valeur que vous vous donnez. Vous prenez la décision d'être ou de vous sentir toujours riche en passant un pacte avec votre inconscient.
Cet acte psycho-magique est aussi un moyen de casser un programme familial inconscient : si votre famille a toujours été pauvre, si un de vos parents a dilapidé l'argent de la famille... Vous prenez la décision de « sortir » de cette histoire familiale.
Vous pouvez dans ce contexte, dessiner sur le fond de votre cadre, le « gardien » symbolique de votre argent. Cela peut être un symbole zodiacal : le Scorpion, Pluton, représente l'homme riche ; le Taureau, Vénus, représente la chance.

AUTO-CRITIQUE : *« je me critique constamment, je me censure, je ne parviens pas à m'aimer totalement »* ou *« je critique constamment les autres »*

= Ce rituel s'adresse à ceux qui ne peuvent pas faire autrement que critiquer à chaque fois qu'ils ouvrent la bouche qu'il s'agisse d'eux-mêmes ou des autres. Une autocritique excessive se transforme en « harceleur toxique », hologramme qui prend une forme satanique et sape n'importe quelle décision A force de ressentiments et de honte envers nous, à force d'être dans l'autocritique et l'auto-jugement, vous créez inconsciemment un « critique poids lourd » à l'intérieur de vous. Ce critique peut tuer petit à petit la personne qui l'alimente, car c'est une force négative d'une puissance inouïe. Petit à petit, cette partie de vous est incontrôlable ; elle devient autonome jusqu'à posséder ses propres émotions et sa propre personnalité. Elle vous vampirise. Elle se transforme en une super star qui vous juge constamment et vous répète à longueur de journée : « c'est moi qui détient la Vérité. Tout ce que tu fais est nul ! » « Tu ne vaux rien »... A terme, le critique intérieur se met à critiquer son entourage proche (son conjoint, ses enfants, ses parents, ses amis, ses relations de travail, la famille), et finalement, il critique tout le monde, nous obligeant à rompre le lien social... Cela crée en nous une émotion qui vibre à une fréquence lourde et provoque un état interne d'anxiété anticipatoire, qui crée à son tour une disharmonie vibratoire.

Acte psycho-magique :

- Ecrire sur des feuilles de papiers toutes les critiques que je reçois et même celles que je m'inflige.
- Prendre alors un cutter et trancher avec violence les pages écrites.
- Une fois toute cette lapidation terminée, découper les lambeaux de feuilles en petits morceaux.
- Puis brûler les petits morceaux.
- Boire une pincée de cendre dans un verre d'eau ou de jus de fruit et éparpiller le reste de cendre dans la nature.

Acheter un petit pot de miel de thym ou de lavande

S'en barbouiller la langue car le miel adoucit les mots.

Et dire à l'intelligence de vie : « que ta volonté soit faite, Merci »

<u>Prière d'intention</u> :
Par la grâce et le pouvoir que m'accorde l'intelligence de vie,
Avec l'aide de mon esprit inconscient,
Je choisis de m'accueillir dans tout ce que je suis,
Au cœur de la pleine conscience,
Tout en m'accompagnant dans ce que je vis,
Même si je crois, jusqu'à l'absurde, que je dois être parfait(e)
pour m'aimer.
Que mon corps le sache et l'intègre.

<u>Prière d'intention</u> : (*je critique mon corps*)

« Selon la loi d'attraction,
Je commande à mon esprit inconscient
D'accorder une juste place à mes souffrances
En faisant coexister au point zéro quand je me regarde dans un
miroir
Mon regard assassin sur mon corps avec un regard de
compassion
Tout en faisant vibrer ces regards au taux vibratoires de mon
essence
Même si je déteste mon corps.
Que mon corps le sache et l'intègre.
Qu'il en soit ainsi »

AUTO-GUERISON : *« Je voudrais guérir »*
= Pour s'auto soigner, il faut des explications. Pour s'auto-guérir, il faut comprendre comment. Pour aider notre corps à guérir, on lui envoie une information qui lui fait défaut ou qui est occultée, afin de relancer ou d'activer le processus d'auto-guérison. Une guérison peut être grandement améliorée en éliminant le blocage énergétique, souvent déclencheur de tumeurs, et en améliorant le niveau vibratoire très bas de la personne malade ; cela permet également de diminuer l'inflammation. Ces rituels permettent de vous aider à guérir par les soins énergétiques (diminuer ou effacer les blocages énergétiques, nettoyer les énergies usagées, équilibrer les polarités du corps,

Dans tous les cas, je vous conseille de commencer ces rituels à la nouvelle lune.

Acte psycho magique 1 : « le décagone »
- Fabriquer un décagone double (12 côtés)
- Ecrire votre prière d'intention en y mettant toute l'attention nécessaire :

« *Par le pouvoir de la mémoire de l'eau de source, je commande à l'intelligence innée de vie d'envoyer et de laisser se pénétrer la meilleure information qui soit pour traiter tel ou tel trouble... (Vous pouvez écrire précisément votre problème physique). Que cette information coexiste avec d'autres informations nécessaires à mon auto-guérison au point zéro. Que ces informations vibrent à mon essence à son taux le plus élevé (toléré par mon système nerveux). Même si mon mental n'est pas conscient de ce qu'il ne comprend pas. Que mon corps le sache et l'intègre. Qu'il en soit ainsi.* »

- Ecrire cette prière sur un parchemin avec son propre sang ou une couleur liquide rouge sang, si c'est pour quelqu'un d'autre avec son urine ou une couleur liquide jaune-pipi.
- Placer un verre d'eau de source sur le décagone. Ecrire sur le verre : « je m'aime sans condition ». Placer votre prière sous le verre pendant toute une nuit, et boire l'eau à petite gorgée durant la journée en commençant à boire à jeun.

Renouveler le verre d'eau de source chaque jour. Et cela pendant 22 jours.

Acte psycho-magique 2 : « Les chakras et les pierres semi-précieuses »
- Prendre une photo de vous où on vous voit en pied (tout le corps)
- Mettre cette photographie sur une agate de 20 cm² couleur virant sur le vert bleu et orienter l'ensemble vers le Nord.
- Puis placer une pierre précise sur les emplacements des sept chakras de votre corps[10], chaque pierre correspondant à l'énergie nécessaire pour l'auto guérison :

---

[10] Les chakras sont situés en des points précis. Voir « chakras » dans le lexique.

- 1er chakra racine, poser un grenat ou une agate ou un rubis. Cette pierre va améliorer les jambes, le gros intestin, le sang et toute la structure cellulaire les os la colonne vertébrale les dents, les ongles.
- 2ème chakra, poser une cornaline ou une pierre de lune. Cette pierre va améliorer le bassin, les organes génitaux, les reins, la vessie, la lymphe, le sperme
- 3ème chakra : poser un œil de tigre ou une topaze ou une citrine. Cette pierre va améliorer le bas du dos, la cavité abdominale, estomac, le foie, la rate, et la vésicule biliaire.
- 4ème chakra : poser une émeraude ou un jade vert ou un quartz rose. Cette pierre va améliorer le cœur, la cage thoracique, les poumons, la peau.
- 5ème chakra : poser une aigue-marine ou une turquoise ou une calcédoine. Cette pierre va améliorer les poumons, les bronches, l'œsophage, l'appareil vocal, le cou, la nuque, la mâchoire.
- 6ème chakra : poser un lapis lazulite ou un saphir bleu indigo ou une sodalite. Cette pierre va améliorer le cervelet, les oreilles, le nez, les yeux, une partie du système nerveux, le front, le visage.
- 7ème chakra : poser une améthyste ou un cristal de roche. Cette pierre va améliorer le cerveau, la boite crânienne...

<u>Prière d'intention pendant 21 jours</u> :

« Par la grâce et le pouvoir que m'accorde l'intelligence de vie,
Je commande à l'intelligence innée de vie alliée à l'intelligence de mon corps esprit
De faire vibrer l'énergie de guérison à travers mes chakras et tous mes corps énergétiques (physique-mental-émotionnel et spirituel)
Au taux vibratoire le plus élevé de mon essence toléré par mon système nerveux
Tout en laissant agir le programme de chaque pierre à travers tous les systèmes nécessaires pour l'auto-guérison.
Même si je ne sais pas comment cela se fait (dites cette phrase tout en tapant sur le point karaté* de votre main)

Que mon corps le sache et l'intègre
Qu'il en soit ainsi »

Prière d'intention POUR BRISER le silence avec son corps

« Par la grâce et le pouvoir que m'accorde l'intelligence innée
de vie,
Avec mes peurs et mes doutes,
Je commande à l'intelligence innée de mon corps physique
De vibrer au taux vibratoire de mon essence,
Au cœur de la pleine conscience,
Tout en brisant le silence avec moi et ainsi reconnaître mes
besoins fondamentaux.
Même si, par le passé, je n'ai pas accordé à mon corps
l'attention qu'il méritait.
Qu'il en soit ainsi »

Prière d'intention pour demeurer dans son corps, avec aisance dans la sphère d'abondance vibratoire.

Selon la loi d'attraction,
Je commande à mon esprit inconscient de bâtir un champ
magnétique puissant
vibrant au taux vibratoire de mon essence
Afin que TOUS les aspects de mon être qui sont capable de
progresser naturellement Coexistent avec tous les aspects de mon
être qui ne le peuvent pas, au point zéro. Tout en communiquant
cet élan magnétique à mon expansion personnelle.
Même si je ne sais pas comment cela se fait.
Que mon corps le sache et l'intègre.
Qu'il en soit ainsi »

Acte psycho-magique n°3 : « le rituel de l'eau »

- Mettre dans une bouteille de l'eau de source avec une poignée d'argile verte, blanche ou grise en poudre. Laisser décanter.
- Ecrire la prière d'intention ci-dessous sur une feuille blanche et placer la prière sous la bouteille.
- Chaque soir, ôter la prière de dessous la bouteille et la lire en buvant après chaque phrase une ou deux gorgée(s) de l'eau

pour atteindre votre chiffre ressource. Pour connaître votre chiffre ressource, additionner votre date de naissance comme suit : si par exemple, je suis né le 12/03/1945, j'additionne 1+2+3+1+9+4+5= 25 ; on réduit le chiffre, 2+5= 7. Le chiffre 7 est votre nombre ressource et par conséquent le nombre de gorgées à boire pendant la prière du matin et pendant la prière du soir. Répartissez les gorgées tout au long de la prière, de préférence en fin de phrase.

Prière d'intention du soir :

« Par le pouvoir de mon esprit inconscient, (boire 1 ou 2 gorgée(s) d'eau)
Je commande à l'intelligence innée de mon corps /esprit, (boire 1 ou 2 gorgée(s) d'eau)
De nettoyer mes mémoires qui n'ont plus besoin d'être activées ici et maintenant, (boire 1 gorgée d'eau)
Tout en harmonisant les parties fragiles de mon corps /esprit, (boire 1 gorgée d'eau)
Grâce à cette eau magnétisée. (Boire 1 ou 2 gorgée(s) d'eau)
Même si je ne sais pas comment cela est possible,
Qu'il en soit ainsi
Et je laisse agir...»

Acte psycho-magique n°4 : « L'Eau de source et le charbon »

- Prendre une bouteille d'eau de source.
- Rajouter un gros morceau de charbon (que vous aurez retirez d'un feu de bois de votre cheminée ou du foyer d'un ami, famille...) à l'intérieur.
- Ecrire la prière d'intention ci-dessous sur une feuille blanche et placer la prière sous la bouteille
- Chaque matin, ôter la prière de dessous la bouteille et la lire en buvant après chaque phrase une ou deux gorgée(s) de cette eau.

Prière d'intention du matin :

« Par le pouvoir de mon esprit inconscient,
Je commande à l'intelligence innée de mon corps /esprit
De nettoyer les impuretés de mon corps qui ont besoin de purification

Grâce au charbon qui les absorbe.
Tout en harmonisant les parties fragiles de mon corps /esprit.
Même si je ne sais pas comment cela se fait.
Qu'il en soit ainsi.
Et je laisse agir... »

BLOCAGE : *« Une situation est bloquée avec un(e) partenaire. La communication est stagnante ou difficile (soit je critique, soit je bloque, soit je fuis). »*
= Quand nous sommes en conflit avec quelqu'un et que chacun des deux reste sur ses positions car il pense avoir raison, lorsqu'un des deux critique l'autre, il ne veut pas prendre la responsabilité du conflit. Il est vrai que se sentir victime est plus confortable. Soit un des deux bloque ou fuit le problème et la situation est fermée et peut durer des années. Le déni de la situation fait son apparition. Pour dénouer la situation dans l'inconscient, propose ce rituel :

Acte psycho-magique : **« le cristal de roche »**
- Prendre une pierre cristal de roche d'environ 2-3 cm.
- Placer la pierre dans votre main gauche
- Fermer les yeux et dire cette prière d'intention pour programmer le cristal :
« Par le pouvoir qui m'est investi,
Je choisis,
Grâce à l'intelligence innée de mon corps esprit,
De programmer dans ce cristal
La sagesse, le lâcher prise et le détachement lorsque je me sens bloquée
Même si j'ai tendance à fuir, et à me sentir victime face à une contrariété.
Que mon corps le sache et l'intègre.
Je répète cette prière d'intention pendant 21 jours en tenant à chaque fois le cristal de roche, dans ma main gauche.

- Au bout de 21jours, prendre le cristal de roche dans la main droite cette fois et dire : *« Je te déprogramme de ta mission »*.
- Faire tremper le cristal de roche dans un bol d'eau additionné d'une pincée de gros sel, pendant un quart d'heure pour le

purifier. Après cela, vous pourrez l'utiliser pour tout autre acte psycho-magique.

BLOQUER DES ACTES MALVEILLANTS : *« une personne me nuit constamment »*

= Lorsque émerge une pulsion de l'inconscient, nous ne pouvons-nous en libérer qu'en la réalisant. La psycho magie propose d'agir et pas seulement de parler du problème. Elle apprend à la raison à utiliser le langage de l'inconscient grâce aux outils suivants : mots, d'actes, de prières, des cinq sens odeur-image – sons – saveur – ou sensations tactile.

Parce que l'inconscient accepte la réalisation symbolique. Pour l'inconscient, une photo, ne représente pas une personne ou un objet photographié, mais l'objet ou la personne photographiée. Exemple : Cette personne n'arrête pas de me harceler. Chaque fois que je suis en sa présence, c'est plus fort qu'elle, elle ne peut s'empêcher de me dire des choses que je n'ai pas envie d'entendre. J'aime cette personne mais pas son comportement. Celui-ci est toujours plein de remarques malveillantes et certaines de ses paroles sont cinglantes. En accomplissant le rituel ci-dessous, votre inconscient saura que vous vous occuper de votre différent avec cette personne, et abandonnera la lutte contre vous. Il gèlera ces difficultés, et vous retrouverez la paix.

Acte psycho-magique : **« l'effet congélateur »**
- Prendre une photographie de la personne (cela peut être une photocopie couleur en format A4).
- Dessiner une croix sur sa bouche.
- Ecrire au verso de la photo ou de la photocopie, la prière d'intention suivante :

Prière d'intention :

« Je commande de mettre au point zéro toutes les paroles offensantes sortant de la bouche de (écrire le nom, le prénom et la date de naissance de la personne concernée)
Qu'en ma présence, celles-ci vibrent au taux vibratoire de mon essence à son taux le plus élevé, toléré par mon système nerveux. Que mon corps le sache et l'intègre.

Qu'il en soit ainsi. »

- Dans une petite bouteille, placer la photographie/commande et mettre quelques glaçons ; puis remplir d'eau la bouteille.
- Placer cette bouteille dans le congélateur.

Vous laisserez cette bouteille dans le congélateur le temps nécessaire pour que la personne qui vous nuise cesse de vous envoyer du mal. Quand vous ressentirez plus de respect de sa part, vous pourrez sortir la bouteille du congélateur et vous l'enterrerez quelque part. Puis, vous offrirez quelque chose à cette personne.

Bruxisme (grincement des dents) voir chapitre « témoignages »

CHANCE : « Je veux avoir de la chance »
= J'attire à moi l'énergie de la chance. Cela peut être rencontrer l'âme sœur, trouver un nouvel emploi, retrouver la santé...

Acte psycho-magique : « le talisman de chance »
Vous allez porter sur vous un talisman de chance et d'ouverture d'esprit. Vous pouvez soit choisir un « œil de tigre » soit un « cristal de roche ».

- L' « Œil de tigre »est une pierre qui possède un programme énergétique pour la réussite financière et les affaires.
  - Laver cette pierre avec de l'eau contenant du gros sel gris pur ; essuyer la pierre.
  - Exposer l'Œil de Tigre aux rayons solaires puis une nuit aux rayons de la lune croissante. Les rayons rechargent la pierre énergétiquement.
- Le cristal de roche pur n'a pas de programme particulier pour la chance. En revanche, il possède la particularité de pouvoir être « programmé » pour ce que vous voulez : la chance de rencontrer l'être aimé, la chance du succès... Comment faire ?
  - Laver le cristal de roche avec de l'eau contenant du gros sel gris pur ; essuyer la pierre.
  - Exposer le cristal aux rayons solaires pendant 3 jours puis pendant 3 nuits aux rayons lunaires. Attention ! Seuls les rayons de la lune croissante sont efficaces.
  - Programmer le cristal en disant cette prière d'intention :

Prière d'intention :

« Par le pouvoir de l'intention et de l'attention que je porte au facteur chance,
Je commande à l'intelligence innée de mon corps/esprit alliée à l'intelligence innée de vie
De se connecter, ici et maintenant et à jamais,
À l'énergie du pur potentiel de ces pierres au point zéro,
Et ainsi satisfaire mes besoins fondamentaux (citez les besoins)
Même si j'ai tendance à douter de tout et de rien.
Que mon corps le sache et l'intègre.
Et je laisse agir.»

COEUR BRISE : *« je veux cesser de souffrir pour aimer de nouveau »*
= A la suite d'une rupture, nous avons l'impression d'avoir le cœur brisé. Si une personne à laquelle nous tenons particulièrement nous trahit, notre cœur souffre. Procéder à un acte symbolique pour faire croire à notre inconscient que nous avons réaliser un changement de cœur, neuf, parfait et pur.

Acte psycho-magique : « Le cœur pur »
- Dessiner un cœur blessé sur un papier ou imprimer une photographie d'un véritable cœur et dessiner dessus une blessure.
- Froisser le papier ; scotcher cette image sur votre poitrine à l'endroit du cœur.
- Puis enlever le cœur (avec de l'eau, avec force et réalisme). Faire semblant de pratiquer une véritable opération.
- Enterrer l'image du cœur et cracher sept fois dessus.
- fabriquer un nouveau cœur en papier avec des rayons tout autour. Le peindre en doré
- Placer ce nouveau cœur sur vous pendant 7 jours (scotcher)

COLERE : « Je suis en colère après une autre personne ou envers moi-même »
Voir aussi Haine

= Quand votre colère devient rage, elle se met à vibrer en vous à une fréquence tellement rapide, que votre corps énergétique ne peut plus le supporter. Avant que cela n'arrive, il convient de prendre en compte cette part de colère afin de signifier à l'inconscient que l'on s'occupe d'elle. Matérialiser notre colère grâce à un objet peut nous permettre de la dépasser. L'objet devenu symboliquement notre colère, notre inconscient sait que nous nous occupons d'une part en nous, que nous la prenons en compte. En Gestalt thérapie par exemple, la colère est symbolisée par une chaise vide posée en face de soi. La personne avec laquelle nous sommes en conflit est censée être assise en face de nous ; nous pouvons alors communiquer avec la colère en lui posant des questions « d'où viens-tu ? » « Qui es tu ? »... Il est plus facile de parvenir à un résultat quand un thérapeute nous aide. Jacques Salomé choisit de matérialiser nos colères avec un foulard[11]. J'ai choisi des petits papiers et une poubelle relationnelle. Cet acte a toujours donné de bons résultats aux personnes qui l'ont pratiqué.

Acte psycho magique 1 : « la poubelle relationnelle »

- Découper des petits papiers. Sur chacun de ces papiers écrire les mots ou les petites phrases parlant de notre désespoir, de notre colère, de notre impuissance à résoudre le conflit, de notre angoisse, de notre tristesse face au conflit que nous vivons ou que nous avons vécu.
- Déposer ces petits papiers porteurs de notre colère, dans une boîte en carton que vous nommerez « poubelle à problèmes »
- Ecrire sur d'autres petits papiers, tout ce que la résolution du conflit pourrait nous apporter (soulagement, remerciements, apaisement, « je serais mieux » « je serais heureux (se)...
- Déposer ces petits papiers positifs dans une autre boîte en carton que vous nommerez « poubelle lumineuse »
- Pendant 21 jours, chaque fois qu'une émotion liée à ce conflit fera ressurgir votre colère, écrivez le mot en rapport avec cette émotion. Cela peut être aussi des phrases telles que « je suis en rage » « j'ai envie de lui casser la figure » « qu'est-ce qu'il (elle) m'énerve ! » « j'en ai marre de cette

---

[11] Jacques Salomé

personne... » et placer les mots dans les poubelles correspondantes.
- Brûler tout le 22ème jour en lisant cette prière d'intention :

Prière d'intention :

« Par le pouvoir de l'attention que je porte à mes énergies de colère
Et par le pouvoir de l'intention que ma colère se transforme en énergie protectrice,
Je commande à l'intelligence innée de vie et à mon énergie vitale
De mettre cette colère au Point Zéro
Que ma demande vibre au taux vibratoire le plus élevé que je possède
Je remercie et je laisse agir »

Acte psycho magique 2 (pour une colère « rouge sang /comme la rage »)
Une colère qui se transforme en rage vibre à une fréquence tellement rapide, que notre corps énergétique ne peut plus le supporter. On pourrait symboliquement la représenter comme étant « rouge/sang ». Si vous souhaitez effacer la colère contre vos parents ou si vous avez vécu une confrontation orageuse :
- Brûler une photographie de chacun d'eux
- Boire une pincée de cendres de la photographie du père après l'avoir diluée dans un verre de vin ou d'alcool ; boire une pincée de cendres de la photographie de la mère diluée dans un verre de lait ou de soja.

Puis faire cette prière d'intention

Prière d'intention :

« Par la grâce et le pouvoir de l'attention au point de convergence zéro*, et de l'intention d'obtenir la satisfaction que ce que je fais pour moi soit juste. Je commande à mon esprit inconscient que ma colère devenue rouge/sang s'éclaircisse chaque jour davantage en coexistence avec l'amour de soi. Et que cette coexistence vibre à mon essence à son taux le plus élevé toléré par mon système nerveux. Tout en prenant conscience de l'importance de me sentir relié à l'amour de soi. Même si mon

mental n'est pas conscient de ce qu'il ne comprend pas .Que mon corps le sache et l'intègre .Qu'il en soit ainsi. »

CONFIANCE : « *Faire confiance à mon esprit inconscient pour l'auto guérison de mon corps* »

Acte symbolique :

« Je *mets une musique de relaxation dans une pièce tranquille. Je m'assoie ou je m'allonge et tranquillement je fais plusieurs respirations afin d'apaiser les tensions qui me dominent. Puis je prends une respiration plus calme et régulière ; je demande alors à mon être de lumière de d'entrer en moi entièrement. Quand j'estime être immergée dan ce bain de lumière complètement, je lui demande que ses mains de lumière massent tout l'intérieur de mon corps et nettoient les toxines psychiques et même physiques. Cela pendant au moins 5 minutes, et plus si cela s'avère nécessaire. Je renouvelle cette opération de confiance totale à mon être intérieur (ange gardien), car je sais qu'il m'aime sans condition. Tous les deux reprenons nos places initiales, tout en sachant que je peux renouveler cette rencontre dès que j'en aurais besoin.*

CONTACT : « *je voudrais établir le contact avec ma divinité intérieure, avec un être supérieur* »
= Pour pouvoir répondre à un problème insoluble, l'être occidental à tendance à réfléchir, chercher une solution dans son mental qui l'induit bien souvent en erreur. L'homme, l'homme occidental surtout, est allé très loin avec son intellect qui divise et maintient les gens séparés. Il est devenu destructeur parce qu'il manipule et contrôle plutôt que de laisser la force perpétuelle de la Divinité circuler à travers lui et le guider dans l'action correcte. Entrer en contact avec l'être de lumière qui vit en soi et à travers soi permet de choisir les mots et le comportement juste pour soi. En adressant les prières d'intention à votre double lumineux, (appelé aussi ange-gardien, double énergétique, divinité intérieure...), vos capacités cérébrales et vos capacités d'attention et de mémorisation sont décuplées – et votre créativité stimulée.

« Technique de respiration »

Voici une technique simple, basée sur la respiration, qui va vous permettre d'entrer dans un état réceptif.

- Les pieds sur le sol, le dos bien droit, faites les quatre étapes de la respiration suivante :
  Inspirez, retenez l'air, expirez, bloquez la respiration, en comptant jusqu'à 7 à chaque étape.
- Répétez neuf fois ces mouvements respiratoires. Vous pouvez aussi rassembler l'index et le pouce de chaque main, en formant deux cercles entrelacés (signe de l'infini) pendant tout l'exercice.
- Pensez à votre problème. Cela peut être un problème relationnel, un problème physique (une douleur ou autre chose), un problème matériel, financier ou professionnel.
- Fermez les yeux et recueillez-vous puis répétez ces mots auto-guérisseurs que vous adressez en fait à vous-même, à votre divinité intérieure, parce que c'est l'énergie de l'amour divin que vous souhaitez contacter : Répétez les 4 phrases clés de la technique hawaïenne de l'ho'oponopono : « je suis désolé(e) », « je te demande de me pardonner », « je te remercie » « je t'aime ». En prononçant « je suis désolé(e) » et « pardonne-moi », vous reconnaissez que le problème qui vous affecte est de votre responsabilité. Vous ne savez pas précisément ce que vous avez fait qui a pu engendrer le problème présent mais vous l'accepter. Quand vous dites : "Je suis désolé(e)", vous affirmez au Divin que vous souhaitez vous pardonner intérieurement à propos de tout ce qui a pu occasionner cette situation. Vous ne demandez pas au Divin de vous pardonner, vous demandez au Divin de vous aider à vous pardonner vous-même. Après quoi, vous dites : "Merci". Quand vous dites : "Merci", vous exprimez votre gratitude et votre foi en l'intelligence divine de vie comme si le problème était déjà résolu au présent. "Je t'aime" vous permet de vous rapprocher de l'état d'acceptation totale et du Point Zéro.

C'est en ce lieu intérieur que se manifeste votre guide intérieur. Vous pourrez alors être inspirés d'exécuter une quelconque action. Si c'est le cas, faites-le.

Voici un autre exercice où vous faites appel à votre ange gardien pour vous aider à guérir d'une maladie (cet exercice permet de mieux accueillir les soins prodigués par votre médecin)

- Je m'assoie confortablement ou je m'allonge tout en écoutant une musique de relaxation, puis tranquillement je fais plusieurs respirations afin d'apaiser les tensions qui me dominent.
- Puis je prends une respiration plus calme et régulière et je demande à mon être de lumière de me pénétrer entièrement.
- Lorsque j'estime être immergée dans ce bain lumière complètement, je lui demande que ses mains de lumière massent tout l'intérieur de mon corps et nettoient les toxines psychiques et même physiques. Cela pendant au moins 5mn, et plus si cela s'avère nécessaire.
- Je renouvelle cette opération de confiance totale à mon être intérieur car je sais qu'il m'aime sans condition et je dis cette prière.

Prière d'intention :
« Par la grâce et le pouvoir que m'accorde l'intelligence innée de vie,
Je commande à mon esprit inconscient
De faire coexister au cœur de la pleine conscience,
Le sentiment « faire confiance à mon corps » avec le sentiment « peur de la maladie »,
Tout en les faisant vibrer au taux vibratoire de mon essence,
Même si je perds souvent espoir.
Et je laisse agir »

COUPER LES LIENS : « Je voudrais me libérer de l'influence toxique d'une personne »
Quand on se sent trop dépendant d'une personne, d'une émotion ou d'un comportement qui ne nous conviennent plus, la souffrance s'installe. Quand une relation nous fait du mal, il convient d'accepter de s'en libérer et d'en faire le deuil. Ce n'est pas facile d'accepter de se libérer de la relation que nous avons établi avec certaines personnes ou certaines habitudes car nous éprouvons souvent un sentiment de culpabilité ; c'est cette culpabilité qui nous empêche de nous libérer. La chaîne ou la

corde représente notre part de culpabilité établie sur cette relation. Si vous sentez que des liens trop durs vous attachent à une personne, choisissez une chaîne en métal et procurez-vous une pince coupe boulon.

Acte psycho magique : « la cordelette »
Prendre une cordelette de 3 mètres de long.
- Choisir un chiffre de 1 à 10. Cela peut être le chiffre 7.
- Chaque jour, couper 7 cm de cordelette ou de chaînette (avec une pince coupe-boulon) en disant :

« Par le pouvoir de l'intention que j'ai de me libérer
Et par le pouvoir de l'attention que je mets sur ma liberté,
Je demande à l'univers de couper ce lien toxique qui me
maintient dans une énergie trop lourde pour moi ;
Je remercie.
Que mon corps le sache et l'intègre ».

- Quand toute la cordelette est coupée, brûler l'intégralité des morceaux et enterrer la cendre ; planter une fleur dessus.

Acte psycho magique : « La chaînette en métal »
- Se procurer une chaînette comportant 31 chaînons. Un chaînon représente un jour ; donc 31 chaînons, 31 jours.
- Commencer le rituel à la nouvelle lune pour le rendre plus puissant.
- Chaque jour, couper un chaînon à l'aide d'une pince coupe boulon et le placer dans une boîte en carton.
- Quand le dernier chaînon est coupé, fermer la boîte et l'enterrer. Planter une fleur ou une plante fleurie au-dessus en demandant à la terre de garder ce paquet avec tout son amour.

CREATIVITE : *« je veux développer ma créativité »*
= Après avoir établi le contact avec son gardien énergétique (voir « Contact il est nécessaire pour atteindre un objectif de le réaliser visuellement à l'intérieur. L'intérieur est comme l'extérieur. La lumière est un catalyseur de pensée La décision passe d'abord par un état d'être avant la forme que prendra l'objectif à atteindre.
« Technique de visualisation de la bougie » :

La technique de visualisation de la bougie utilise l'énergie de la lumière de la bougie et l'énergie du balancement du rythme :

- Après avoir pris contact selon la méthode expliquez dans la partie « contact », fixez dans un état serein la flamme d'une bougie ; observez sa luminosité avec une image mentale précise de votre objectif.
- Balancez-vous à un rythme lent et régulier en même temps.

Dès que vous détournez le regard de la flamme, vous pouvez observer la tache de couleur qui persiste dans l'obscurité en pensant au sujet qui vous préoccupe ; cela s'appelle « le temps obscur » et la tache de couleur dans l'obscurité se nomme : « image de persistance rétinienne ». C'est l'image que l'on observe telle une tache en couleur qui apparaît devant les yeux. La première phase de cette image dure 1mn30. Elle est constituée par une tache plus ou moins circulaire de couleur jaune entourée de rouge. Après plusieurs images consécutives la couleur jaune se transforme en un vert translucide toujours entouré d'un liseré rouge. Deuxième phase : 1mn 30. La couleur rouge va progressivement s'étendre en direction du centre pour l'envahir totalement. Le rouge va s'assombrir graduellement jusqu'à devenir plus sombre. Troisième phase : l'image disparaît lentement sous la forme d'un nuage bleu foncé gris et noir et fini en nuage blanc qui entoure un noyau sombre appelé « lueur diffuse ».

Le mélange de pensée avec l'image de persistance rétinienne transmute l'énergie de la lumière en une énergie mentale directement pour le cerveau.

Par la méthode photonique du mélange lumière + pensée (image de persistance rétinienne) = Après 30 secondes de fixation avec une lampe (ampoule de 75 watts/lampe de poche/ ampoules de diodes électroluminescentes LED).

- ou Tout en pensant à l'image de votre objectif, éteindre la lampe. Le gros photon va se superposer à l'image, la mémoire de l'image va agir.
- Recommencer afin de relancer et de poursuivre l'image + pensée décision + lumière.

Cette technique permet également de trouver des solutions à des problèmes ou à une situation difficile. Pensez à la situation qui vous préoccupe en présence du gros photon.

Notez les réflexions, toutes les idées qui surviennent. Remarquez qu'après plusieurs gros photons consécutifs, des idées entièrement nouvelles surviennent et toutes ces idées seront à leur tour développées dans un autre gros photon. Si vous manquez de créativité, voilà la solution !

CROYANCES LIMITANTES : *« je veux avoir confiance même si je doute du résultat»*
Une croyance limitante est une certitude sur laquelle on reste bloqué et qui limite notre ouverture d'esprit ou nos capacités ou nos engagements. Accuser quelqu'un par exemple est une croyance limitante. Là où vous posez votre attention, votre regard change sur votre réalité à vivre. C'est comme si ce à quoi vous portez votre attention devient le reflet de la réalité à laquelle vous aspirez. Votre intention est de transformez une croyance qui vous limite en une croyance qui vous libère. Il est important pour vous de déterminer lesquelles de vos croyances sont justes à l'égard du Monde et lesquelles de vos croyances ne le sont pas.
Posez-vous ces questions :

A- Quelles croyances me semblent justes pour moi ?
B- Quelles croyances me limitent ?
C- Quelles croyances ne fonctionnent pas ?

<u>Prière d'intention</u> :

Par la grâce et le pouvoir que m'accorde l'intelligence de vie,
Je commande à mon esprit inconscient
De dépasser la croyance limitante « j'ai peu de valeur » en coexistence, au cœur de la pleine conscience avec « j'ai des talents que je fais fructifier »
Même si le doute accapare toutes mes affirmations.
Que mon corps le sache et l'intègre.
Et je laisse agir »

CULPABILITE : *« Je veux ne plus me sentir coupable »*

= La culpabilité n'est pas la responsabilité. Si je me sens coupable, c'est parce que j'ai posé un acte préjudiciable envers une personne, qu'il s'agisse d'un acte conscient ou inconscient. Si je me sens responsable, je peux être impliqué(e) mais je n'ai commis aucun acte de violence, ni verbale ni physique. C'est tout simplement peut être que j'ai été là au mauvais endroit, au mauvais moment. Quand nous nous sentons coupable envers quelqu'un, nous continuons à le « tuer » métaphoriquement. Quand nous nous sentons coupable envers quelqu'un il faut « payer » notre culpabilité. Se sentir coupable demande une « réparation » symbolique ou matérielle. Dans l'éducation judéo-chrétienne, la culpabilité est omniprésente. En réalité, le sentiment de culpabilité cache le refus de voir ses propres limites. Pour que la paix revienne dans son cœur, il faut reconnaître ses actes, et savoir qu'à la racine de la culpabilité, il y a le refus de nos limites.

- Si je n'accepte pas mes limites, il y aura en moi, à travers la non-reconnaissance et la non-acceptation de mes limites, la création de l'agressivité que celle-ci soit projetée contre moi ou contre les autres ; la culpabilité entraîne de l'agressivité contre soi-même.
- Si je n'accepte pas mes limites, je n'accepte pas les limites de l'autre.
- Si je n'accepte pas mes impuretés, je n'accepte pas les impuretés de l'autre.
- Si je n'accepte pas les fautes de l'autre, je n'accepte pas mon péché.
- Si je n'accepte pas le péché de l'autre, je n'accepte pas le mien.

L'enfermement dans nos limites représente l'enfer de la culpabilité. Pour un cœur taché par la culpabilité, il n'y a pire jugement que celui de son être ou de Dieu.

Lorsqu'on s'enferme dans la culpabilité, il est important de se persuader que nous avons commis une faute mais que nous ne sommes pas cette faute. Quelle différence y a t il entre la faute et l'erreur ? La faute est basée sur les limites de notre volonté. L'erreur est basée sur les limites de notre intelligence. La faute et l'erreur sont liées s'il y a un manque de volonté et d'intelligence, l'erreur peut se transformer en faute.

Le sens du détachement envers cette faute, ce péché, cette souillure va agir non pas pour éliminer la faute, l'acte commis, mais pour se réparer, car je ne suis pas qu'une faute-coupable, je suis aussi autre chose que cette condamnation de mes limites.

Acte psycho-magique :
- Imaginer votre culpabilité à l'image d'un objet dont la grandeur et la masse puisse être identifiées à la hauteur de votre sentiment de culpabilité : cela peut être une grosse pierre, une poutre en bois, un rocher...
- Ecrire sur la pierre ou le rocher la violence que j'ai provoquée en expliquant tout. Finir votre explication en écrivant : « *je demande pardon à dieu (ou à l'univers ou à l'intelligence innée de vie), pour le mal que j'ai provoqué par manque de bon sens, par perte de contrôle ou par jalousie morbide.* »
- Jeter la pierre ou le rocher le plus loin possible en mer ou dans un grand fleuve par n'importe quel moyen (location d'un bateau, d'un hélicoptère, d'une grue, d'un palan, se faire aider par d'autres personnes auxquelles il vous faudra expliquer votre culpabilité...). Il faut bien vous représenter l'idée que la difficulté des moyens engagés pour réaliser ce rituel représente le prix à payer pour le mal provoqué par l'acte posé.
- Ecrire une lettre en demandant pardon à la personne à qui vous avez fait du mal.
- Brûler cette lettre et placer les cendres dans un petit cercueil, symbolisant le deuil ; fabriqué ce cercueil en bois, en carton, en argile...
- Verser de l'eau bénite (l'eau bénite se trouve dans les églises) sur les cendres et dire :
  « Aujourd'hui, je m'engage par cet acte à réparer le mal que j'ai fait.
  J'implore le pardon de dieu (ou de l'intelligence de vie) »
- Enterrer le petit cercueil dans la terre assez profondément.
- Planter un chrysanthème dessus.

Rentrer chez soi, changer de vêtements, prendre un bain ou une douche assez chaude et tout le long de la douche ou du bain, dire : « *que mon corps et mon esprit soient lavés et purifiés* ».
Purifier votre mémoire par la prière de Mornnah Simonea « Ho oponopono » (voir « Généalogie »)

DETACHEMENT : « Apprendre à se détacher d'une situation » = Le lâcher prise : c'est « se dissocier de » ou « se détacher de ». Un grand mot, mais un comportement difficile à mettre en place, car il nous faut lâcher, et apprendre à se détacher de certaines habitudes, là ou une emprise énergétique est trop forte, dés que l'on veut dire adieu à nos peurs ou nos vieux démons. Dès que l'on doit changer quelque chose dans notre vie, il va falloir apprendre à vivre d'autres comportements, de nouvelles croyances et apprendre à cesser de nous battre et de résister. Comment laisser aller ce qui n'a plus d'actualité, comment renoncer à avoir toujours raison, et cesser de tout contrôler. En général, ce qui m'empêche de laisser aller et se détacher (lâcher l'emprise et se détacher) est le bavardage mental. Le bavardage mental est l'emprise d'un mental puissant qui provoque l'analyse et le jugement des actes de l'autre. En général, le mental puissant cherche à comprendre le comportement de l'autre, même s'il n'y a rien à comprendre, ce qui entraîne des jugements sur soi ou les autres. Il ne faut pas croire que le mental a toujours tort. Au contraire, il peut découvrir des comportements réellement injustes ou faibles qui nuisent à soi-même ou aux autres. Ce sentiment peut devenir envahissant ; il est inutile dans le sens où, loin d'améliorer les autres, il détruit la personne qui l'éprouve. Apprendre à se détacher, ce n'est pas accepter les injustices ou les comportements imbéciles de l'autre, mais cesser d'en souffrir. Laissez aller tout ce qui nous échappe, c'est se décharger d'obligations imposées par nos valeurs ou notre morale. C'est se détacher de ce qui nous fait souffrir pour aller vers l'auto-guérison du cœur. C'est accepter l'idée que l'autre est libre de rester ce qu'il veut être, même si c'est un parfait imbécile ou un être malfaisant. A défaut, quand le mental ne veut pas lâcher prise, c'est le corps qui lâche : crise cardiaque ou rupture d'anévrisme, autre preuve que le juste peut payer cher sa recherche de justice...

Se détacher, au contraire, peut mener celui qui cherche la justesse vers un état d'être où il aura sa place juste ; en relâchant ses tensions, il peut enfin se fournir un laisser passer vers une permission, une autorisation vers un changement énergétique et vibrer à son essence. C'est permettre à toutes nos parts qui résistent ou qui objectent à vibrer à notre essence.

En lâchant l'emprise que l'on a déposée en l'autre et sur nous même, en laissant aller ce qui n'est plus, en apprenant à faire coexister toutes nos dualités, nous pourrions enfin laisser nos parts d'ombre et de lumière vibrer chacune à leur propre essence, à leur état d'être , puis vibrer ensuite à notre propre essence, à leur taux le plus élevée toléré par notre système nerveux.

Acte psycho-magique n°1 : « *bloquer nos tourments* »
-   Ecrire sur un papier ce qui fait souffrir : « je veux toujours avoir raison », « je découvre toutes les faiblesses des autres », « je cherche à dominer les autres »...
-   Placer ce papier dans une bouteille ; mettre 3 glaçons puis la remplir d'eau.
-   Ranger cette bouteille dans le congélateur.

Acte psycho-magique n°2 : « *se détacher de nos tourments* »
-   Ramasser des petits galets plats et lisses et écrire sur chaque galet un mot qui évoque votre tourment.
-   Se rendre auprès à la mer, à un fleuve ou une rivière et de préférence à un endroit où l'eau est très agitée ; il est nécessaire que l'eau ne soit pas stagnante car ses remous et le cours de l'eau vont «emporter » vos tourments et purifier vos tourments en les lavant pas abrasion. (après quelques mois, les petits galets sont purifiés par l'eau).
-   Se mettre le dos à l'eau et lancer chaque galet par-dessus votre épaule (de préférence un jour de nouvelle lune).

Acte psycho-magique n°3 : « *se détacher de quelqu'un* »
= On peut comparer cet attachement à une chaîne.
-   Prendre une chaîne comportant environ 31 chaînons ; chaque chaînon représente un jour, donc 31 anneaux = un mois.

(procéder à partir de la nouvelle lune, le rituel sera plus puissant.)
- Couper un chaînon chaque jour et placer ce chaînon dans une boîte avec un couvercle.
- Lorsque le dernier anneau de la chaîne sera coupé et placer dans la boîte, enterrer la boîte dans la terre et planter une plante fleurie.
- Demander à la terre de conserver précieusement cette boîte et la remercier.

DEUILS : « Apprendre à vivre avec une séparation de quelqu'un ou de quelque chose »

= Faire le deuil de quelque chose ou de quelqu'un, c'est reconnaître ce que j'ai déposé dans l'autre et qui était en elle ou en lui. En faisant le deuil, on reprend ce que l'on a déposé dans l'autre et qui nous appartient. Le deuil nous humanise. C'est avant tout un travail de détachement. Ce qui pose problème dans le deuil, c'est comment éviter la souffrance. Un deuil inconsolable n'est pas de l'Amour inconsolable. Le deuil inconsolable est souvent du au fait qu'il reste en nous une part de quelque chose non résolu. Par exemple, une personne qui se dit « j'aurais peut-être dû faire quelque chose pour lui». Le deuil s'arrête lorsqu'on se sent disponible de nouveau à aimer et à reconstruire sa vie sans l'autre. Il est à noter que quand une personne a été heureuse en couple et qu'elle perd son compagnon ou sa compagne, sa propension à trouver rapidement quelqu'un pour retrouver cet état de bonheur, la pousse à se remettre en couple très rapidement.

Acte psycho magique : « l'oraison funèbre »
- Le jour anniversaire de la mort de la personne, allez à l'endroit où est morte la personne (si c'est l'hôpital, allez jusque devant la porte de la chambre où est décédée la personne).
- Lui écrire une oraison funèbre et la lire à haute voix devant sa tombe
- Placer la terre au fond d'un pot de fleurs et placer une plante au-dessus. Déposer la plante devant la tombe.

71

- Se faire plaisir en allant au restaurant en l'honneur du disparu et parler de la personne disparue.

Terminer le deuil par une oraison personnelle ou une Messe de 8 jours, 40 jours, 1 an selon la durée de la souffrance.

<u>Exemple d'oraison funèbre</u> dont vous pouvez vous inspirer :

« Le bonheur est un parfum que l'on ne peut répandre sur autrui,
Sans en faire rejaillir quelques gouttes sur soi-même»...
Même si je sais que « (citer le nom de la personne disparue)» *est*
prés de nous, elle (il) restera à jamais dans le cœur de ceux qui
l'ont connu(e).
Je me dois d'accepter les exigences de cette nature « la naissance
puis
La mort », vivre cette perte, accepter l'inacceptable.
Je sais qu'une fois que la révolte intérieure du « pourquoi ? » et
du
« Comment ? », aura été estompée par le temps
Qui passe, viendront la réflexion et la sagesse.
Peut-être nous sera-t-il possible de méditer sur le fait que
« (Citer le nom de la personne disparue)» *pendant toute la durée*
de son passage sur terre aura connu entre peines et déceptions,
L'immense joie de vivre, d'aimer et être
Aimé, de comprendre et d'être comprise et de trouver dans le
regard
De ses deux enfants, sa famille et tous ses nombreux amis, la
récompense de toute une vie.
J'ai l'intime conviction que son souvenir et sa présence nous
Guideront en permanence sur nos chemins.
« (Citer le nom de la personne disparue)», *tu es devenue invisible*
à nos yeux mais présente dans nos cœurs, revêtue d'une certaine
immortalité par la constance de nos
Pensées tournées vers toi.
Tu étais, tu es, tu resteras pour toujours une mère (un père, une
sœur...) *pleine de tendresse,*
Une sœur affectueuse, une amie très chère et « un ange
protecteur».
Merci « (citer le nom de la personne disparue)» *pour ta présence*
silencieuse...
Merci « (citer le nom de la personne disparue)» *pour ton amour*
inconditionnel. ...

Merci pour tout ce que tu nous as donné et pour tout ce que tu
nous
Donnera encore ; Merci pour ton merveilleux et espiègle sourire.
Merci de t'avoir connue et de nous avoir tant aimés.
. . . . . . Merci. ... Merci. ..... Merci. .....

DYNAMISER « Faire circuler l'énergie dans son corps-esprit»

= Comment les pierres de_protection agissent sur notre corps esprit et nous dynamisent.

Technique de respiration :

Voici une technique simple, basée sur la respiration, qui va vous permettre d'entrer dans un état réceptif. Pendant que vous prenez une pierre de protection concernant votre besoin du moment. Vous pouvez aussi faire la prière d'intention concernant la pierre dont vous avez besoin.

- Les pieds sur le sol, le dos bien droit, faites les quatre étapes de la respiration suivante :
  Inspirez, retenez l'air, expirez, bloquez la respiration, en comptant jusqu'à 7 à chaque étape.
- Répétez neuf fois ces mouvements respiratoires. Vous pouvez aussi rassembler l'index et le pouce de chaque main, en formant deux cercles entrelacés (signe de l'infini) pendant tout l'exercice.
- Pensez à votre situation.
- Cela peut être un problème relationnel, un problème physique (une douleur ou autre chose), un problème matériel, financier ou professionnel.
- Fermez les yeux et recueillez-vous, puis répétez ces mots auto-guérisseurs que vous adressez en fait à vous-même, à votre divinité intérieure, parce que c'est l'énergie de l'amour divin que vous souhaitez contacter : Répétez les 4 phrases clés de la technique hawaïenne de l'ho'oponopono :

Les quatre mots guérisseurs
- « Je suis désolé(e) »,
- « Je te demande de me pardonner »,
- « Je te remercie »

-   « Je t'aime ».

En prononçant « *je suis désolé(e)* » et « *pardonne-moi* », vous reconnaissez que le problème qui vous affecte est de votre responsabilité. Vous ne savez pas précisément ce que vous avez fait qui a pu engendrer le problème présent mais vous l'accepter.

Quand vous dites : "*Je suis désolé(e)*", vous affirmez au Divin que vous souhaitez vous pardonner intérieurement à propos de tout ce qui a pu occasionner cette situation.

Vous ne demandez pas au Divin de vous pardonner, vous demandez au Divin de vous aider à vous pardonner vous-même. Après quoi, vous dites : "*Merci*". Quand vous dites : "*Merci*", vous exprimez votre gratitude et votre foi en l'intelligence divine de vie comme si le problème était déjà résolu au présent. "*Je t'aime*" vous permet de vous rapprocher de l'état d'acceptation totale et d'un espace non-duel où du Point Zéro*.

C'est en ce lieu intérieur que se manifeste votre guide intérieur. Vous pourrez alors être inspirés d'exécuter une quelconque action. Si c'est le cas, faites-le.

Exemple de prière :

Je suis désolé mon guide d'amour de me laisser envahir par d'autres pensées que les tiennes.
Pardonne-moi si je t'offense par trop de zèle, en permettant à mon Ego de prendre trop de place.
Merci de me donner tant d'attention et d'être aussi présent dans ma vie
Je t'aime même si je pêche par manque de foi en étant otage de l'incertitude et du doute.

Un exemple de prière d'intention avec l'hématite

Description et propriété de l'Hématite
Cette pierre concerne le 1er chakra : racine
C'est une pierre de purification du corps. Elle donne de l'énergie et du coura
Elle combat les anémies. L'hématite contient du fer. Les carences en fer er
poumons ainsi que des problèmes au niveau de la rate. Ces faiblesses entraî
une difficulté à s'incarner dans la matière. L'hématite a des effets défatigu
purifie et dynamise. Elle assainit le sang et possède un grand pouvoir de

74

menstruations. Elle est excellente pour le travail de construction.
Purification : Eau, sel, amas cristallin

Prière d'intention : Hématite
*« Par le pouvoir de l'attention que je porte au programme énergétique
de cette pierre de purification et de protection,
et par le pouvoir de l'intention de la porter lorsque j'ai besoin d'énergie
et de courage pour reprendre goût à la vie
je commande à l'intelligence innée de vie de fortifier mon corps esprit
grâce à l'influence positive de cette pierre tout en me protégeant des
ondes négatives internes et externes
même si je ne sais pas comment cela se fait.
Que mon corps de sache et l'intègre,
qu'il en soit ainsi. »*

Prière pour le sage :
*« Je suis désolé mon guide d'amour si je t'offense par mes doutes et mes
incertitudes.
Pardonne-moi si j'ai tendance à ignorer, les programmes des pierres de
guérison, qui sont des cadeaux énergétiques de mère nature.
Merci pour ta patience envers ta servante ou ton serviteur.
Je t'aime même si je m'accroche désespérément à des croyances qui
limitent mon auto-guérison. »*

Prière d'intention :
*« Par la grâce et le pouvoir que m'accorde l'intelligence innée
de vie, je commande à mon esprit inconscient que l'énergie du
taux vibratoire de mon essence, arrivant directement de mon âme
centrale, dynamise mon corps, comme si un rayon d'énergie
traversait mon hypothalamus et se déversait dans le vide
interstitiel de tous mes organes et que ce lien transcende le temps
et l'espace et nourrisse mes cellules, même si je ne sais pas
comment cela se fait »*

ENTERREMENT : *« je veux faire le deuil d'une personne,
même si le corps n'est pas présent ».*
= Quand une personne est décédée et que l'on n'a pas pu
l'enterrer, le deuil ne peut se faire. Réaliser une cérémonie

d'enterrement permet de manifester au grand jour la disparition de la personne.

Acte psycho magique :
-   Proposer une oraison funèbre aux membres de la famille ou aux personnes qui ont besoin de dire adieu à la personne disparue.
-   Aller dans un endroit tranquille, peut être une forêt, un lieu qui permettra à chacun des membres présents de se sentir à l'aise.
-   Préparer une oraison funèbre. Exemple : « *Aujourd'hui, nous avons la chance d'être tous réunis pour participer à ce rituel psycho magique en l'honneur de notre cher disparu* (citez son nom et son prénom).*Vous êtes venus à ma demande car j'ai pensé que quelque chose devait être dit et entendu. Rien ne se perd et tout se transmet. Notre but commun est de redonner au sein de notre mémoires la place qui revient de droit à* (citer son nom et prénom). *Même si sa sépulture est absente, elle est symbolisée aujourd'hui par cette corbeille de fleurs en forme de cœur, avec sa photo au milieu. Nous garderons toujours dans notre mémoire et dans notre cœur l'image d'une personne qui savait si bien :* (chaque membre présent énonce une qualité ou une particularité agréable de la personne défunte). A cet instant, il est nécessaire d'imaginer la personne défunte présente mais invisible et qui entend tout ce qui est dit. *Que cette personne* (citer son nom et prénom) *trouve la paix en chacun de nous en lui redonnant la place qu'elle mérite ». En notre nom à tous, nous demandons que tu trouves la paix et la sérénité dans l'au-delà ou peut-être un jour, nous te retrouverons...QUE DIEU te bénisse....qu'il en soit ainsi »*
-   puis faire un trou et enterrer l'oraison et sa photo ou un dessin représentant le défunt.
-   puis un fois que cela s'est fait, remplir de terre le trou, puis placer au dessus un verre de lait et un petit pot de miel.
-   Offrir à une église la couronne de fleur en forme de cœur, avec un peu d'argent (l'obole)

Etat d'être «se sentir véritablement soi » aller vers soi

= Un état d'être est avant tout chimique Un état d'être se créé lorsqu'une relation neurochimique se produit entre le cerveau et le corps. Quand nous entretenons des pensées de peur ou doute, notre cerveau met en place des séquences énergétiques, des combinaisons neurologiques, des stratégies qui vont lui permettent de créer l'état d'esprit correspondant à ces pensées. Dès lors, une fois que ces réseaux de neurones sont activés, le cerveau fabrique des substances chimiques particulières ayant la signature exacte correspondant à ce type de pensées afin que nous ressentions ce que nous pensons... C'est ainsi qu'en quelques millisecondes, nous pouvons nous sentir triste, anxieux ou impatient. Inversement, lorsque nous entretenons des pensées d'amour et de joie, notre cerveau produit des substances chimiques qui nous rendent aimants et joyeux...Le cerveau vérifie ce que le corps ressent et selon la réaction chimique, qu'il reçoit, il génère davantage de pensées qui produisent les substances chimiques qui vont correspondre à ce que le corps ressent. C'est ainsi, que je ressens ce que je pense, et je pense ce que je ressens. Les pensées sont associées à mon esprit ; les émotions sont associées à mon corps ; mon esprit + mon corps = état d'être. Dès lors, lorsque les émotions sont associées ou alignées sur un état d'esprit particulier, l'esprit et le corps travaillent ensemble pour créer un objectif dont j'ai besoin. Comment faire pour créer un état d'être qui me convient ? Comment faire pour changer mon état d'être du moment qui ne me convient pas, mes vieux schémas de pensées et mes vieilles habitudes pour me propulser vers un autre état d'être, de nouveaux schémas de pensées, de nouvelles habitudes ? Pour bien comprendre le processus, je vous livre un extrait d'une séance de thérapie entre une psycho thérapeute et sa patiente :

Séance :
La thérapeute demande à sa patiente quel est son objectif. Après 20 minutes de monologue, la patiente réalise qu'elle ne parvient pas à définir clairement son objectif. La thérapeute lui parle sévèrement pour la forcer à voir clairement en elle, sans faux-semblants. La patiente réalise soudain ce qui lui importe :
-   La patiente : « *Je veux modifier le regard que je porte à ma personne à travers mes états d'êtres. Quand je me regarde*

dans le miroir, je ne me trouve pas belle... Les personnes autour de moi me disent que je suis belle mais moi, je ne me vois pas de cette façon... »

- La psycho thérapeute : « *Quand tu te regardes dans le miroir en pensant à ce que tu es, tous les masques surviennent : le masque de l'entrave, le masque de l'enfermement, le masque de la mutation, le masque de la peur de l'échec, le masque de la masturbation mentale... Ces masques sont à la fois un reflet de ce que tu vois en toi et une protection contre le véritable toi-même. Le masque te dit « je n'ai pas droit au bonheur. C'est trop beau pour être vrai «. Poses toi la question suivante : « Quand « je » me regarde dans le miroir, qui regarde vraiment « moi » dans le miroir ? Peut-être suis-je en train de regarder non le véritable moi mais un des masques qui cachent ma véritable identité. Je regarde peut-être le masque de l'inquiétude ou le masque de la peur de l'échec... Ton ange gardien ne peut pas te montrer ton véritable être car tu lui montres les masques qui entravent ta vie : l'enfermement, les obligations, les cadres, la solitude, l'anxiété, la peur de vivre... Je te demande à partir de ce moment, de cesser de subir pour choisir. Tu dois commander à ton cerveau car il est ton serviteur. C'est toi qui lui donne des ordres. Pour parvenir à cela, il te faut apprendre à accueillir ces différents masques et à les transformer en quelque chose de plus vivable. Une des façons de parvenir à cela et de faire une prière d'intention dont le but est de faire coexister en toi ces différents masques au Point Zéro. C'est toi qui programme ton cerveau.*

Acte psycho magique : « les masques » :

- Ecrire sur une feuille de papier - la liste des émotions négatives qui surviennent en nous quand nous nous trouvons face à un miroir (voir ci-contre) - Fabriquer des masques en papier en découpant deux trous pour les yeux, les narines, la bouche. Fabriquer autant de masques qu'il y a d'émotions. Sur chaque masque, écrire une émotion négative. - Chaque matin, placer un masque devant votre visage, face au miroir, et dire à haute voix : *« Je me regarde... dans le miroir... Qui est ce « moi » que « je » regarde dans le miroir ? Regarde bien ce « moi »... Qui se cache derrière ce « moi » ?* - Se laisser envahir par l'émotion que représente ce masque du jour et du moment.	- Jour 1 : La peur de l'échec (= inertie, découragement, idéalisation, ne pas être à la hauteur...) - Jour 2 : Stress (= crispations, contractions, raideurs...) - Jour 3 : Masturbation mentale (= fabrication de problèmes, insomnies, agressivités...) - Jour 4 : Manque de confiance en moi (= interdiction d'aimer) - Jour 5 : Auto critique (= mal de vivre, entraves, obstacles, freins) - Jour 6 : insatisfaction, intolérance, irrespect, intransigeance, négligence - Jour 7 : dette fidélité familiale, blessure de papa ou de maman ou de x... - Etc.

- Après avoir accueilli et accepté cette part qui est en vous, dire : *« C'est fini ! Je décide de regarder ce masque pour la dernière fois ! »*
- Déchirer le masque et le brûler en disant : *« Chaque jour, je me sens un peu plus libre qu'avant »*. Puis vous dites :
  « Vous, mes mémoires qui conteniez tous mes masques, je suis désolé(e), je vous demande pardon, je vous aime et je vous remercie de l'opportunité que vous me donnez de me libérer et de vous nettoyer. Même si j'ai des doutes envahissants. Que mon corps le sache et l'intègre. Qu'il en soit ainsi. »
  - Chaque jour, rayer de votre liste le masque que vous avez nettoyé.

De cette manière, vous enlever les masques qui ne représentent pas votre état d'être et que vous avez modélisés au cœur de vos humeurs. Chaque fois que vous enlevez un masque, vous passez par un nouvel état de conscience[12] et vous n'éprouverez plus le besoin de fabriquer des masques...

Prière d'intention :
   « Je suis désolé mon guide d'amour d'oser laisser envahir mon corps esprit par une présence autre que la tienne.
   Pardonne-moi si je t'offense par mes doutes et mes incertitudes
   Je te remercie d'être si clément envers ta servante (ou serviteur)
   Sache que je t'aime, même si je te boude souvent par mon manque de foi en toi,
   Qu'il en soit ainsi. »

GENEALOGIE : *« je veux me libérer des mémoires négatives du passé qui sont mes fidélités familiales»*
= Les mémoires toxiques qui sont en nous peuvent provenir de très loin dans notre généalogie et affecter notre présent. Vous n'êtes pas responsable des actes de votre grand-père par exemple, mais vous pouvez agir sur cette mémoire qu'il vous a légué, la nettoyer pour être libre au présent. Voici ce que dit Alejandro Jodorowski [13]à ce sujet : *« L'arbre généalogique est un système basé sur l'imitation et la répétition. Si nous ne nous libérons pas de nos chaînes au moyen de l'acte psycho magique, nous sommes condamnés à répéter les erreurs de nos ancêtres. Nous nous guérissons quand nous éliminons la répétition, quand nous la comprenons, ou nous la répétons mais d'une manière positive. (...) Nos problèmes ne sont pas individuels puisqu'ils concernent toute la famille. Quand nous prenons conscience de ces derniers, la famille évolue aussi. Pour sortir d'une difficulté il faut modifier en profondeur notre relation avec nous-mêmes et avec le passé.»*
La prière que je vous donne ci-dessous est la prière que nous a légué Mornnah Simeona, une native hawaïenne spécialiste guérisseur, qui a remis à l'honneur un ancien procédé hawaïen

---

[12] « Les 22 états de conscience :

[13] Entretien

nommé «Ho'oponopono». Les chamans hawaïens utilisaient cette méthode pour réduire le stress, parvenir à lâcher prise et résoudre des problèmes. Le mot hawaïen « Ho'oponopono » signifie d'ailleurs « rendre droit, rectifier une erreur ». Morrnah Simeona expliquait ceci : "Nous pouvons faire appel à la Divinité (appelez-la comme vous le voulez : « la Source », l' « Univers », l' « Intelligence innée de vie », « l'énergie universelle », « Dieu », l'Univers...) qui connaît notre modèle personnel, pour soigner toutes les pensées et les mémoires qui nous retiennent en ce moment présent. Nous sommes la somme totale de nos expériences, ce qui revient à dire que nous sommes chargés de nos passés. Lorsque nous expérimentons du stress ou de la peur dans nos vies, si nous nous appliquions à voir avec attention, nous pourrions nous rendre compte que la cause est en fait une mémoire. Ce sont les émotions qui sont liées à ces mémoires qui nous affectent maintenant. Le subconscient associe une action ou une personne dans le présent avec quelque chose qui s'est produit dans le passé. Lorsque cela se produit, les émotions sont activées et le stress survient. Le but principal de ce procédé et de découvrir la Divinité Intérieure. Chaque mémoire liée à chaque expérience, depuis le premier moment de notre création, il y a des temps immémoriaux, est enregistrée et stockée dans le règne éthérique. Cet incroyable ordinateur/enregistreur est aussi connu sous le nom de subconscient, Unihipili, l'aspect Enfant à l'intérieur de chacun de nous. Cet enfant intérieur est tout à fait réel et représente une partie du Soi. Les autres aspects étant la Mère, identifiée sous le nom d'Uhane, le mental rationnel, puis le Père personnifiant la super conscience ou l'aspect Spirituel. Ils forment tous trois la Famille Intérieure, qui en association avec le Divin Créateur forment l'identité de Soi. Chaque être humain existant dans la création, chaque plante, atome et molécule sont fait de ces trois Soi et cependant chaque modèle reste complètement différent. Le plus important pour chacun est de trouver sa véritable identité et sa véritable place dans l'Univers. Le Ho'oponopono est un cadeau profond qui permet à chacun de développer une relation avec la Divinité à l'intérieur de soi et d'apprendre comment demander qu'à chaque instant, nos erreurs en pensées, paroles et actions soient nettoyées. Le procédé vise essentiellement la liberté, la complète libération du passé. Dans chaque fois, il y a toujours une invocation où nous demandons pardon à ceux que nous avons offensés… jusqu'aux familles, aux proches et aux ancêtres, parce qu'il est possible que le problème s'enracine chez un grand-père qui aurait fait sauter la tête de quelqu'un dans un autre siècle". Ce que nous expulsons et transformons en "lumière pure" parce qu'autrement, "nous polluerions notre atmosphère avec toute ces déchets rejetés." Mais en tant que pure lumière, il n'y a pas de contamination possible".

Voici la prière de Simeono Morrhna :

« Divin créateur, père, mère, fils, tous en un…si moi, ma famille, mes proches et ancêtres vous avons offensés, vous, votre famille, vos proches et vos ancêtres, par des mots ou des actions depuis le début des temps jusqu'à nos jours, nous vous demandons pardon…Nettoyons, purifions, relâchons, supprimons toutes ces mémoires négatives, blocages, énergies et vibrations et transmutons ces énergies non-désirées en pure lumière… Et il en est ainsi ! ".

Acte psycho-magique : « l'eau bleue solaire »

(Pour nettoyer les mémoires toxiques, tout en conservant les ressources de ses mémoires).

Fabriquer une eau bleue solaire (extrait du livre hoponopono)

- Prenez une bouteille bleue en verre, remplissez-la d'eau ; prenez soin de mettre un bouchon qui ne soit pas métallique.
- Placez la bouteille au soleil pendant une heure.
- Buvez cette eau à petites gorgées.

Acte psycho magique : « les 4 phrases magiques »

Le Dr Ihaleakala Hew Len, thérapeute à Hawaï a utilisé ce même procédé de guérison. Les 4 phrases fondamentales : "Je suis désolé »/« s'il te plaît, pardonne-moi"/« merci »/« je t'aime » ont une répercussion particulière chez chacun d'entre nous.

En prononçant « je suis désolé(e) » et « pardonne-moi », c'est une manière de reconnaître quelque chose - sans savoir ce que c'est - qui se trouve dans notre système physique ou mental. Vous ne savez pas nécessairement comment cela s'est retrouvé en vous. Vous n'avez pas besoin de le savoir. Si vous avez un surplus de poids, vous avez simplement attrapé le programme qui permet à cette situation de se manifester. En disant : "Je suis désolé(e)", vous affirmez au Divin que vous souhaitez vous pardonner intérieurement à propos de tout ce qui a pu occasionner cette situation. Vous ne demandez pas au Divin de vous pardonner, vous demandez au Divin de vous aider à vous pardonner vous-même. Après quoi, vous dites : "Merci". Quand vous dites : "Merci", vous exprimez votre gratitude. Vous démontrez que vous croyez que la situation se résoudra de la meilleure façon en fonction de tous les intérêts concernés. "Je t'aime" transmute les énergies bloquées en un flot limpide. Il rétablit la connexion entre vous-même et le Divin. En exprimant l'amour, vous commencez à atteindre l'état zéro qui est pur amour et où il y a zéro limite. Ce qui se produira ensuite appartient seulement au Divin. Vous pourrez être inspirés d'exécuter une quelconque action. Si c'est le cas, faites-le. Si vous vous doutez de l'action à accomplir, utilisez cette même méthode

- Écrivez sur un papier, à l'intérieur d'un cercle, votre problème ou la situation qui vous préoccupe.
- Ecrivez sur le verre avec un marqueur ou un feutre les quatre phrases magiques d'Ho'hoponopono : « Je suis désolé », « s'il te plaît, Pardonne-moi » « Merci » « Je t'aime ».
- Remplissez le verre aux deux tiers avec de l'eau pure et posez-le sur le papier au centre du cercle. L'eau du verre va se charger des mémoires en rapport avec ce problème.
- Changez l'eau au moins deux fois par jour (matin et soir). A cette occasion, dites la prière d'intention.

<u>Prière d'intention</u> :
« Par le pardon et la réconciliation de toutes mes parts divines et de mes parts sombres,
Je commande à l'intelligence infinie de vie
De nettoyer jours après jour les offenses faites par inconscience.
Merci de me réconcilier avec les ressources des mémoires passées, présentes, et futures.
Grâce à l'amour inconditionnel, les difficultés que je rencontre avec (citez.... avec qui ou quoi) se nettoient au fur et à mesure quelles se présentent.
Que mon corps le sache et l'intègre
Il en est ainsi. »

Autre prière :

« Je lâche l'emprise des mémoires réactives,
Elles se nettoient automatiquement de toutes les toxines
physiques et psychiques, de mon passé de mon présent et de mon
futur.
Tout en nourrissant les ressources qui me sont nécessaires pour
jouir dans cette vie, dans l'amour et l'estime de soi.
Au point de rencontre zéro.
Même si je panique souvent émotionnellement.
Que mon corps le sache et l'intègre. Qu'il en soit ainsi. Amen.

Autres actes symboliques :
- Chaque fois que vous vous douchez, vous pouvez imaginer prendre une douche d'amour ou pluie d'amour. Visualisez-vous sous une douche dont l'eau miraculeuse et pure nettoie les mémoires toxiques, ainsi que votre corps /esprit des toxines physique, qui vous enferment dans votre problème.
- Pratiquez la respiration consciente : en inspirant, visualisez l'air qui entre comme l'entrée en vous de l'énergie de l'Univers ; lors de l'expiration, visualisez l'air expiré comme l'élimination des mémoires erronées ou des vieux programmes inconscients qui ne sont plus utiles en vous.»
- Les post-It posés partout. Vous écrivez dessus : « Désolé, pardon, Merci, je t'aime », «Je suis 100% créateur/créatrice de ma vie. Désolé, Pardon et merci de nettoyer. Je t'aime»

HABITUDE « *J'ai des habitudes compulsives* »
= Une habitude peut devenir une addiction, un rythme hypnotique. C'est le cerveau qui a programmé un certain nombre d'actes qui vous fait répéter cet acte chaque fois qu'une pulsion ou qu'une émotion vous engage à le réaliser. Il faut mettre en place une équivalence mentale qui devient un rythme hypnotique, communément appelée « habitude », sous votre contrôle. La pulsion est alors mise en place par nous-mêmes : on se force à faire telle ou telle chose à telle heure.
Par exemple, une personne me dit qu'elle ne cesse de faire le ménage. Je lui demande quand lui vient cette envie de faire le ménage. Puis je lui dis « voilà, vous allez faire le ménage à 7h30, puis à 9h30 puis à 11h30 et ce tous les jours même si vous n'en

avez pas envie. Il faudra vous forcer ». Au bout de quelques semaines, cette personne pouvait contrôler son toc qui la forçait lors d'une émotion angoissante à vouloir « nettoyer ».

> *« Chaque fois que vous êtes tentés de réagir avec les mêmes vieilles habitudes, demandez-vous si vous voulez être prisonnier du passé ou un pionnier de l'avenir. Le passé est fermé et limité, l'avenir est ouvert et libère ».*

Dr. Deepak Chopra

HAINE : « *J'ai de la haine envers quelqu'un qui m'a fait du mal* »
= Qu'est, ce que la haine ? C'est souvent une colère réprimée qui se transforme en répression envers soi-même, comme un désir d'amour inassouvi. Les parts énergétiques de colère et de rage qui sont en vous, se mettent à vibrer à un diapason trop lourd et se développent au détriment de votre bien-être. Quand la colère se transforme en haine, on risque de passer à un acte préjudiciable. Le principe essentiel, c'est autant que possible de ne jamais laisser un compte non réglé avec un ennemi, car plus la haine reste à l'état latent, plus la haine se nourrit d'elle-même, au risque de proliférer. Il faut oser braver le monstre. Une bombe avec une longue mèche peut mettre des années avant d'exploser. Mais le jour de la déflagration, les dégâts sont considérables. Il convient de désamorcer la bombe, et de ne pas laisser traîner des menaces de mort autour de soi et dans son inconscient. Non qu'il faille tuer l'adversaire en question, il s'agit plutôt de le retourner et de s'en faire un allié. L'objectif : canaliser la puissance de l'inconscient pour panser efficacement une plaie, par un rêve lucide. Afin que la magie de la réalité soit opérante, il convient de cultiver en soi un certain nombre de qualités parfois contradictoires, du moins en apparence : L'innocence, La maîtrise, La foi, Le courage.

Confrontation avec une personne vivante
- prendre des calmants pour éviter l'agression
- Ne jamais le faire sur le terrain de l'autre mais choisir un terrain neutre, avec un courant d'air.

- Dire : Voilà ce que tu m'as fait. Voilà ce que j'ai ressenti à l'époque. Voilà ce que cela me produit aujourd'hui dans ma vie. Voilà la réparation (non vengeance).

Acte psycho-magique n°1 : « la lettre de reproche »
Vous allez vous « purifier » en écrivant une lettre de reproches à la personne qui vous a fait du mal et en lui demandant réparation.
- Prendre une photographie couleur de la personne qui vous a fais du mal et la photocopier en format A4.
Ecrire tous les reproches que vous avez contre elle au dos de la photocopie-portrait en suivant ce schéma :

> *« (Prénom de la personne), tu m'as fait ceci ou cela   ; je te le rends ; ça ne m'appartient pas.*
> *J'ai ressenti ceci ou cela ; je te le rends ; ça ne m'appartient pas.*
> *J'ai été terrassé(e) par tous ces tourments ; je te les rends ; ça ne m'appartient pas.*
> *Je suis envahi(e) par toutes ces souffrances ; je te les rends ; ça ne m'appartient pas.*

Puis, déchirer la photocopie/lettre en petits morceaux.
Enterrer chaque morceau de papiers en posant dessus un bonbon ou un petit pot de miel.
- Si la personne est décédée, brûler la photocopie de la photo et récupérer les cendres.
- Mettre les cendres dans un pot et couvrir avec du miel d'acacia.
- Déposer le pot sur la tombe de la personne décédée.

Acte psycho-magique n°2 :
- Prendre un sac en papier de couleur blanche ou le fabriquer. Nous l'appellerons « sac à malices »
- Découper au moins une centaine de bout de papier (5 cm sur 5 cm).
- Pendant une semaine écrire toutes les rancœurs et les incivilités reçues sur ces petits bouts de papier (les mots grossiers, les insultes, les injustices...) puis placer ces morceaux de papier dans le sac.
- Prendre une petite cuvette, la remplir de lait, mettre les papiers dans le lait, les laisser tremper toute une nuit, en les laissant bien macérer, puis faire un trou et les enterrer,

mettre dessus une fleur, ou des bonbons ou du miel en disant : « *Que cette terre t'absorbe et te dissolve à jamais, qu'il en soit ainsi.* »

- Puis dire cette prière :
« *Puisse tous les tourments sortir de ma vie, que la terre les absorbe afin de nettoyer mon corps et mon esprit de tout ce dont je n'ai plus besoin.*

Que l'être aimant en moi continue de me protéger et de m'aimer et d'apporter à toutes ces personnes « ennemis » tout l'amour dont elles ont besoin, même si parfois j'ai des doutes récurrents ».

<u>Acte psycho magique n°3</u> : « les papiers de riz et le lait »

- Se procurer du papier de riz et un litre de lait (ou ce qui fait penser à du lait maternel par exemple du lait de soja, du lait de riz, du lait d'amande...)
- Découper le papier de riz en tout petits morceaux où vous inscrirez le(s) nom(s) et le(s) prénom(s) des personnes qui vous ont fait du mal.
- Mélanger les morceaux de papier de riz dans le lait et boire le tout.
- Se faire vomir. Si cela n'est pas possible pour vous, gardez le liquide blanc mélangé avec les petits papiers et se gargariser avec, en comptant jusqu'à 22. Le nombre 22 représente le cheminement de l'acte symbolique à travers tous les niveaux de consciences du Tarot de Marseille. Le tarot de Marseille compte 22 cartes (ou Arcanes) numérotées du n° 1 (le Bateleur au n° 22, le Mât). On se base souvent sur le Tarot pour symboliser le cheminement d'un Rituel.
- Avaler de l'eau pure ou de l'eau de source pour « purifier » l'organisme.
- Puis écrire une lettre où vous décrirez votre colère très précisément.
- Brûler cette lettre ; vous boirez une toute petite pincée des cendres de cette lettre dans un verre d'eau ou de digestif avant de dispersez le reste dans la nature.
- Vous finirez l'acte en disant à haute voix :
« *Que cela soit accompli.*
Je te remercie.

Que mon corps le sache et l'intègre ».

Prière d'intention = *faire coexister la colère avec la sérénité*
= La personne a développé une stratégie de décision à un ensemble particulier de neurones.
Quelle est l'ancienne stratégie de décision ? Par exemple : j'étais toujours en colère et irritée et je trouvais cela utile. Quelle est la nouvelle stratégie de décision ? Par exemple : j'ai besoin de paix et de sérénité ; cela m'est nécessaire.
Une fois que l'on a déterminé l'ancienne stratégie de décision et la nouvelle, il est possible de mettre ces deux stratégies en coexistence au point zéro :

« Par mes doutes et mes peurs,
Je commande que la colère et l'irritation coexistent avec la paix
et la sérénité au point Zéro. Même si je ne sais pas comment.
Que mon corps le sache et l'intègre.
Qu'il en soit ainsi. »

HARCELEMENT : *« Un personne ne cesse de me harceler »*
= Il arrive de rencontrer des personnes qui ne peuvent s'empêcher de vous dire des choses blessantes, des choses que vous n'avez pas envie d'entendre. Il est fort possible que vous appréciez une personne mais que vous ne supportiez plus son comportement car ses paroles malveillantes et cinglantes vous dévalorisent. Cet acte psycho magique permet de signifier à votre inconscient que vous vous occupez de votre différent avec cette ou ces personnes. Il abandonnera alors la lutte contre vous et règlera intérieurement ces difficultés ; vous retrouverez la paix. Toutes les personnes qui ont fait ce petit rituel ont retrouvé plus de sérénité.

Acte psycho magique : « le pot de moutarde »
- Prendre un bocal avec couvercle.
- Remplir le fond du bocal avec de la moutarde très forte. Puis mettre la photo de la personne qui vous harcèle dans le bocal (à défaut de photo, indiquez sur un papier des renseignements précis sur cette personne. Vous la « personnifiez »Exemple : elle est née à tel endroit ; elle travaille à tel endroit ; elle est mariée avec telle personne ; elle habite à telle adresse...)

- Au verso de la photographie (ou au verso de la description de la personne), indiquez son nom, prénom et sa date de naissance et écrivez en dessous tous les reproches que vous subissez de sa part. Terminez votre liste en indiquant « que Dieu te pardonne » (ou que l'intelligence de vie te pardonne ou que l'Energie qui nous entoure te pardonne...).
- Remplissez alors le bocal avec de la moutarde forte et mettez le tout dans un endroit isolé ou personne ne pourra le trouver. Vous l'«abandonnez»...

INCESTE : « *Père, mère, sœur, frère, un membre de la famille...* »

= Quand on a subi des abus sexuels, l'inconscient veut des réparations. On croit souvent que c'est l'on est coupable. Si c'est un inceste par le père, l'enfant dit « c'est de ma faute ! Je n'aurais pas du dire « oui » et me laisser faire ». L'enfant pense en fait qu'il mérite ce qui lui arrive. Il nourrit alors en lui la mésestime de soi car il se sent souillé. L'acte psycho magique va permettre une réparation pour retrouver enfin une certaine sérénité. C'est faire la paix avec soi-même. Ceci étant, selon l'émotion de l'enfant qui a subi cela, je vous recommande vivement de faire une psychothérapie. (Note de bas de page : l'auteure de ce livre a écrit une autobiographie sur la perversion et les dégâts liés à l'inceste « mémoires d'une guerrière »)

Acte psycho- magique :
- Se rappeler de l'endroit où le premier abus à eu lieu.
- Recueillir de la terre de ce lieu ou, si ce n'est pas possible, trouver une carte postale ou une photo de cet endroit.
- Conserver la terre ou la photo sur soi. Cela permet de faire entendre à l'inconscient que l'on porte sur soi sa douleur car on a décidé de la prendre en charge. On prend on considération le tourment provoqué par l'abus.
- faire l'amour avec un homme, (son mari ou son amant), avec la photo de votre agresseur (votre frère, père, oncle, cousin...) accrochée sur un tee-shirt (face et recto du tee-shirt). Ensuite, brûler le tee-shirt en disant : « voici le moment où se termine cette relation ; merci pour l'avoir vécu à nous deux ».

- Avaler une fine pincée des cendres dans un verre d'eau puis enterrer le reste dans le jardin ou dans un pot et planter une fleur vivace ou un arbuste fleuri ou un arbre fruitier.

Prière d'intention :

« Par le pouvoir de l'attention que je porte à mon corps, et par le pouvoir de l'intention
De retrouver la sérénité, dont j'ai besoin,
Je commande à l'intelligence innée de vie et à l'intelligence innée de mon corps /esprit,
De me donner le courage de m'aimer sans condition
Malgré les abominations psychiques et physiques dont j'ai été victime
Tout en développant les ressources qui me sont utiles pour vivre en paix.
Que cette commande vibre à son essence au niveau le plus élevé possible,
Même si je ne sais pas comment
Que mon corps le sache et l'intègre
Qu'il en soit ainsi »

INSECURITE INTERIEURE « je veux me sentir apaisé(e) »
= La part vulnérable d'inquiétude et de tensions
L'insécurité intérieure se manifeste par la volonté de contrôler tout et tout le monde. La personne se sent sécurisée quand tout est en ordre pour elle.
En général, elle n'a pas confiance en elle et elle n'a pas d'estime pour elle. Elle se sent insécurisée intérieurement. Lors d'une consultation, une de mes patientes, répétait souvent « j'ai une peur en moi mais je ne sais pas de quoi... » Elle avait développé depuis sa petite enfance un moyen psychologique pour se sécuriser : le contrôle.

Ses moyens de contrôle étaient les suivants :
- Avoir toujours raison = besoin d'être reconnue
- Pour avoir toujours raison, il faut des arguments, des connaissances = acharnement à tout comprendre.
- Elle supervise tout = elle s'assure de se mettre en sécurité et de ne pas se trouver devant une situation qu'elle ne pourrait pas maîtriser.

- Elle vérifie. Elle dit « Attendez ! Je vais vérifier... » De ce fait, elle n'accepte pas un argument s'il n'est pas étayé d'une démonstration. Elle entendra ce que les autres auront dit mais ne l'intégrera qu'après réflexions et vérifications. Quand elle ne peut vérifier, quand il n'y a pas d'argumentation possible, elle n'intègre rien. Son mental ne peut pas accepter quelque chose de non vérifié par ses soins. Or, il y a de nombreuses situations et de nombreux domaines qui lui ont mis son impuissance devant les yeux et en particulier, la situation émotionnelle que lui propose son mari depuis une dizaine d'années, sur laquelle elle n'a aucune prise et dans laquelle, à l'opposé, son mari se complait.
- Elle expérimente = elle s'assure de ses actes pour être sûre...
- Elle cherche à maîtriser les situations. Elle répète avant d'agir « je vais analyser la situation » ; si la situation comporte le moindre risque de « panique » éventuelle, elle renonce. Les autres voient en elle dans son comportement à l'extérieur quelqu'un qui maîtrise avec confiance. Or, ils ne voient que ce qu'elle leur permet de voir et ignorent que la moindre faille peut la paniquer émotionnellement.
- Elle cherche à prendre le pouvoir sur les autres. Elle jette un œil, sans complaisance, sur les gens. Elle cherche la faille chez toutes les personnes qu'elle rencontre pour prendre le pouvoir sur eux en cas de difficultés... S'il y a attaque de l'autre, elle a une arme dans les mains. Cependant, parfois, elle n'utilise pas son arme car elle sait qu'elle peut détruire l'autre, à coup sûr. Quand elle utilise la faille des autres, elle se retrouve face à des personnes soit muettes d'étonnement (qui partent et ne veulent plus lui parler) soit très violentes (qui entrent en conflit avec elle) et parfois à des personnes admiratives devant sa capacité à les avoir découvert. En général, ces dernières s'entendent bien avec elle. Il s'agit souvent de personnes dotées d'une grande intelligence ou/et d'une grande capacité de compréhension émotionnelle.

Dans le cadre de son travail, elle dirige de main de maître ses subalternes (elle n'a jamais de supérieur). On pourrait croire que cette façon d'agir est dure à vivre pour ses employés ; or, ils ont témoigné de leur satisfaction à travailler sous ses ordres car elle se contente de « superviser » (super-visée) leur travail et de les sécuriser. Elle est « l'œil » qui contrôle. De fait, élèves comme parents comme subalternes se sentent bien. Elle m'a dis avoir eu beaucoup d'élèves, certains fidèles pendant des années.

Tout ce comportement est une façon de rester maître d'elle-même, pour garder son sang-froid, pour éviter les situations de panique. Elle a besoin de s'observer, de se modérer, de se maîtriser. Elle ne boit pas d'alcool à outrance et elle n'a jamais pris de drogue douce car ces artifices pourraient lui faire perdre le contrôle d'elle-même. Lorsqu'elle sent qu'elle ne maîtrise pas, elle perd la tête, elle s'affole, elle perd la raison. Tout ce comportement sert à éviter de se retrouver face à une personne ou une situation qui la met face à son impuissance, provoquant une angoisse terrible.

Acte symbolique :

Cet acte est simple mais est très efficace pour mesurer la nécessité que ces personnes ont de contrôler :

Monter sur une table assez haute

Tourner le dos à vos amis. Chacun énumère un chiffre et à l'annonce du chiffre 6 se laisser tomber en arrière dans les bras de vos amis qui ont la responsabilité de vous retenir. Si vous avez peur la première fois, prévoir un matelas.

Faire confiance à vos amis pour vous retenir.

Prière d'intention :

« Par la grâce et le pouvoir que m'accorde l'intelligence innée de vie,
Je commande à mon esprit inconscient
Que mon avenir soit bénit financièrement, sereinement, dans une sécurité vibratoire totale, à l'extérieur et à l'intérieur de moi, dans la vibration d'amour, à travers mon projet de confiance et foi en moi,
Que cette nouvelle structure coexiste avec ma part de vulnérabilité et d'inquiétude,
Au cœur de la pleine conscience.
Que mon ADN enregistre cette commande au niveau vibratoire de mon essence,
Même si mon mental n'est pas conscient de ce qu'il ne comprend pas.

JUGEMENT *«Comment se débarrasser des pensées nocives »*
= On confond souvent les comportements d'un individu avec son identité ; cela nous amène à juger autrui et à se juger soi-même. Juger nous conduit à confondre le comportement inconscient d'une personne, avec ce qu'elle est en réalité. C'est comme si nous abritions en nous un juge impartial né bien souvent des paroles posées sur nous dans notre enfance, par des parents trop autoritaires. Quand les enfants grandissent en se sentant toujours épiés et en complète dévalorisation d'eux même, en devenant adultes, ils continuent à se faire des procès d'intention, et s'auto critiquent constamment. Malgré leurs efforts pour guérir des menaces intérieures, ils accumulent échecs sur échecs. Ils trouvent toujours sur leurs routes des personnes qui vont les rabaisser ou les humilier.

Acte psycho-magique :
- Prendre une douche, se rincer pendant au moins quinze minutes, et imaginer que l'eau qui coule abondamment sur le corps le nettoie de toutes les injustices reçues.
- Après ce lavage complet, se sécher et masser son corps avec une lotion à base d'huile essentielle de rose, la rose étant le symbole de l'amour.
- Puis acheter ou fabriquer, deux sacs en papier.
- Prendre dix feuilles de papiers format A/4. Faire deux paquets de cinq feuilles chacun en les plaçant devant vous l'un à votre gauche et l'autre à votre droite.

Sur les 5 pages de droite, faites une liste de tous les mots que vous voudriez entendre, qui vous feraient du bien (exemple : « tout le monde m'apprécie » « quelque soit les mots que j'entends sur moi, ils se transforment en amour » « je m'aime quoi que l'on me fasse ou l'on me dise » « je m'estime chaque jour davantage »). Sur les 5 pages de gauche, faites la liste des mots qui vous aliènent quotidiennement (« personne ne m'aime » « j'ai de la haine en moi » « la rage qui m'habite me donne des envies de meurtre » « je suis jalouse et envieuse » « je n'en peux plus de vivre ainsi », « la vie ne m'apporte plus rien de bien »...). Remplissez les 5 pages de droite et les 5 pages de gauche même si cela prend plusieurs jours.

- Placer les 5 pages de gauche dans un sac en papier et les 5 pages de droite dans un autre sac en papier.
- Brûler les deux sacs. Enterrer les cendres puis planter une fleur dessus ou placer un pot de votre fleur préférée.
- Prononcez la phrase suivante : « Que grâce à ce rituel mon corps esprit reste en paix dans l'ici et maintenant. »

Prière d'intention

« Mon dieu donnez-moi la sérénité d'accepter les choses que je ne peux changer.
Mon dieu donnez-moi le courage de changer les choses que je peux changer.
Mon dieu donnez-moi la sagesse d'en connaître la différence ».

LETTRES DANS L'INVISIBLE : *« Je voudrais dire certaines choses à une personne »*

= Ecrire à une part de nous que nous combattons parce que nous pensons qu'elle est négative pour nous. Comme nous luttons contre elle, cette part se révolte car elle croit faire ce qui est juste. Elle devient de plus en plus agressive à notre égard. Ecrire une lettre permet de faire la paix avec cette part vibratoire. La lettre doit exprimer des éléments positifs à son égard.

Exemple : la rage ou le ressentiment que je ressens toujours m'oblige depuis toujours à me sentir vulnérable devant certaines situations. Je n'avais pas compris à quel point cette part m'aimait et quelle avait pour moi une fonction positive.

Lettre à une part de nous-mêmes :

Chère part de rage,
J'ai aimé ta présence car grâce à toi j'ai évolué, j'ai progressé avec plus de contrôle, d'exigence et d'autorité envers moi et envers les autres.
Ceci m'a permis de réaliser de nombreuses créations dans différents domaines. A travers toi j'ai toujours souhaité montrer le meilleur de moi-même.

J'ai apprécié cette rigueur et cette maîtrise car elles m'ont aidé à l'apprentissage de différents savoirs et techniques.

Avec le temps, ma curiosité et mon appétit de connaissances n'ont fait que grandir.

Je me sentais plus fort(e) et pensais que c'était la meilleure voie à suivre...

J'ai appris, grâce à toi, que je t'ai laissé envahir ma vie entièrement, tu l'as complètement guidée. Je t'ai donnée la première place et tu l'as prise.

J'ai été aveugle à la part vibratoire (détachement). Je suis entièrement responsable de cette situation car je pensais que c'était juste pour moi. J'ai fait de toi la principale de mes valeurs (rigueur)

Je dois aussi te remercier, car grâce à toi, j'ai appris qu'être parfait(e)me rendait oppressé (haut pressé).

Aujourd'hui je viens te demander pardon de t'avoir autant négligée. J'ai fait de toi mon maître prédateur alors que tu étais mon alliée.

Si tu vas de plus en plus loin avec moi, c'est que tu manques d'arguments pour m'oppresser d'avantage.

A présent, je vais alléger ta mission et nous allons coexister ensemble, main dans la main, le cœur et le corps unis dans un même élan.

Je vais méditer sur mes besoins essentiels, afin de t'aider à guérir en moi tout ce que je t'ai obligée à faire pour moi afin de m'aider à m'améliorer. Je sais qu'en m'aimant plus, nous allons coexister ensemble avec d'autres alliés vibratoires de l'ombre dans la paix, et vibrer dans ce qui est le plus juste pour nous. Afin que tous ensemble vous puissiez partager le service missionné que vous avez pour moi.

Lettre à un de nos parents :

Chère Maman,

Je crains qu'aujourd'hui je doive partager avec Toi, tout ce que nous avons vécu depuis mon enfance.

Sache que comme témoin de ma vie avec toi, mon rôle de fils (ou de fille) a été important pour moi.

J'ai besoin de témoigner la relation que nous avons mis en place. Il me semble que j'ai recherché toute ma vie à vivre en harmonie avec Toi.

Après avoir tâtonné longtemps, je souhaite au cours de l'écriture de cette lettre trouver la façon d'enchaîner la description des comportements qui m'ont dérangé(e) et de toutes ces émotions vécues dans l'angoisse et la tristesse – et de ne jamais pouvoir exprimer mes progrès- besoins en ta présence. Tout au long de mon enfance/ adolescence et à l'âge plus mature, des choses m'ont gênées et m'ont empêché(e) d'être aussi à l'aise avec Toi que je souhaitais.

Je n'ai jamais osé te faire face

Lettre à vous-même :

Avec vos propres mots, écrivez une prière qui atteste, fermement et puissamment que vous n'êtes pas une victime, mais un créateur à part entière, doté de possibilités de croissance et de réalisation illimitée. Revendiquez avec reconnaissance le droit que vous avez acquis, par votre naissance « comme enfant de l'univers » pleinement doté de talents et de ressources lumineuses.

« Cher(e) (votre prénom)

Comme je désire seulement faire ce qui est bon et constructif, vivifiant et vivant pour moi, l'abondance divine se manifeste toujours dans mes tentatives. Je sais donc que je vais prospérer dans tout ce que j'entreprends.

Je sais que j'existe dans une possibilité illimitée et que le bien infini est juste là où je me trouve et joue une part active dans mon expérience.

Je suis un créateur (ice) à part entière, même-si un programme de victimisation fait surface de temps en temps.

Par la grâce et le pouvoir que m'accorde ma source divine d'inspiration, je revendique, avec reconnaissance, le droit que j'ai acquis, par ma naissance « comme enfant de l'univers », pleinement doté de talents et de ressources lumineuses.

J'accepte qu'il y ait pour chacun de mes besoins, un flux universel qui attend d'y répondre.

Je vous remercie de ce flux, je vous remercie du plan divin, du bien pour moi et pour mon travail.

J'accepte et j'embrasse l'idée qu'il n'existe pas de rêves trop grands qui ne puissent se réaliser.
J'ouvre ma pensée limitée à votre pensée illimitée.
Je vous invite à vous déplacer à l'intérieur de moi par un canal parfait
En apportant mes idées créatives dans le monde comme étant une extension de la nature divine que je partage avec vous.
Ainsi soit-il »

Lettre pour un emprunt malveillant

Une personne vous demande une somme d'argent, mais vous savez pertinemment qu'elle ne pourra jamais vous le rendre. Pour éviter un malentendu, vous lui proposez de lui prêter sous certaine condition. La personne, surtout si c'est quelqu'un de la famille, vous fait du chantage affectif : « tu dois me faire confiance au nom de la filiation ou au nom de l'amitié «. Dès lors, pour être en paix avec vous-même, écrivez-lui une lettre, afin de régler ce problème :

Chère Gertrude

Je te fais confiance et je te dis oui à cet emprunt, car je sais que tu es une personne honnête et serviable, mais je ne fais pas confiance aux événements qui t'on rendu insolvable et aux événements futurs, qui risque eux aussi, malgré ta bonne foi, de te rendre encore plus insolvable. Donc pour cet emprunt je te fais une reconnaissance de dettes, ou je te demande, un chèque ou plusieurs chèques, ou un objet de valeur correspondant à l'emprunt, ce n'est pas un manque de confiance en toi, mais je préserve cette emprunt, de toute tentation malveillante de tous les événements précaires qui peuvent encombrer ta bonne foi et risque d'envahir ta vie et la mienne, tout ça pour préserver notre amitié, notre affection. Tendresse. »

LIEU SACRE *« je veux trouver un lieu différent de mon environnement connu, un lieu sacré »*
= Pour aider quelqu'un à aller mieux, il est possible de l'installer dans un lieu spécial, un lieu sacré, dans lequel il pourra retrouver un état d'être qui lui convient. Ce lieu devient « sacré » pour l'inconscient par le rituel qui l'entoure. Quand la personne s'installe au centre de ce lieu, son inconscient vit cet instant et ce

lieu comme une sacralisation. En choisissant le symbole du cercle, on crée :

- une concentration d'énergie
- un axe de la terre en ce point

Le cercle magique forme un temple nettement défini, bien qu'invisible. La personne devient l'axe de la terre, en contact direct avec les énergies divines qui existent partout autour d'elle.

Acte psycho-magique : « *Le cercle magique* »

- Tracer un cercle par terre en utilisant du gros sel ou de l'herbe ou de la lavande
- Installer la personne ou une photo de la personne au centre du cercle
- Placer quatre cristaux de roche autour du cercle pour signifier les quatre points cardinaux. Un cristal pour l'est, un autre pour l'ouest, un pour le sud, puis un au nord.
- Placer au milieu du cercle, un bol de gros sel, et une grosse bougie de couleur rouge, des herbes aromatique, tel que santal pour attirer les bonnes énergies, du chèvrefeuille qui permet de développer l'intuition, des pétales de rose ou de l'huile essentielle de rose qui favorise l'amour sans condition, de l'encens parfum lavande pour purifier
- En allumant l'encens, faire tournoyer la fumée dans le cercle et autour du cercle sacré

Puis dire la prière d'intention plusieurs fois ((trois fois minimum).

- Laisser la personne partir en lui donnant la prière afin qu'elle la brûle elle-même lorsqu'elle le décidera. (si c'est une photo, la brûler avec la bougie et avec la prière).

Prière d'intention :

Je commande à l'univers (ou à Dieu, ou à l'intelligence innée de vie...) et à l'énergie vitale qui est en moi
De nettoyer le corps et l'esprit de (citer le nom de la personne),
de toutes les mémoires négatives ainsi que de toutes les toxines psychiques et physiques dont elle est victime.

De développer pour son auto-guérison les ressources dont elle a
besoin.
Que cette commande vibre à son essence au niveau le plus élevé
possible,
Même si je ne sais pas comment
Que son corps et son inconscient le sachent et l'intègrent
Je remercie mes guides spirituels du fond du cœur
Et je laisse agir »

LIENS CONFLICTUELS « *Je veux me détacher des liens énergétiques réactifs entre moi et mes proches qui m'empêchent d'atteindre la sérénité intérieure* »
= Parfois, l'emprise d'une éducation, d'une personne, d'un groupe est tellement forte, qu'on a l'impression d'être lié à eux comme si on était possédé énergétiquement. Le malaise s'installe. Il faut apprendre à se détacher de cette personne en rejetant les éléments négatifs qu'elle nous apporte mais en conservant les bonnes choses.

<u>Acte psycho magique</u> :
- Prendre des cailloux (sur un chemin de campagne, en foret, au bord d'une rivière...). Chaque caillou représente tous les liens subtils qui nous lient à d'autres êtres. Ils matérialisent les liens.
- Inscrire sur chaque cailloux le nom du ou des problèmes qui nous aliènent à d'autres personnes.
- Les placer bien en vue dans notre lieu de vie pour que nous puissions les voir chaque jour et nous imprégner de chaque élément. On informe ainsi l'inconscient que l'on s'occupe de nos difficultés.
- Au bout de 7 jours, laver les cailloux avec un désinfectant (vinaigre, eau de javel, crésyl...) un après l'autre.
- Dessiner un cœur avec les cailloux qu'on vient de désinfecter, et le placer à un endroit où il prend le soleil le plus souvent possible.
- Pendant 22 jours, chaque fois que vous posez votre regard sur le cœur en pierre, dites « transformation ! » « changement ! » « qu'il en soit ainsi ! »

- Puis rendre les pierres à la nature en disant « merci »

Prière d'intention

*« Par le pouvoir de l'attention que je porte envers les liens
conflictuels qui parfois me condamne aux autres,
Et par le pouvoir de l'intention de mettre fin à ces conflits
Je commande à l'intelligence innée de vie et à l'intelligence
innée de mon corps /esprit de trouver à l'intérieur de ma psyché,
Toutes les ressources nécessaires dont j'ai besoin pour faire face
à mes conflits.
Tout en acceptant les gens tels qu'ils sont et non pas comme je
voudrais qu'ils soient.
Même si je ne sais pas comment toujours faire.
Que mon corps le sache et l'intègre.
Qu'il en soit ainsi. »*

MALEDITION *« je me sens envoûté »*
= Les mots que l'on prononce contre nous sont des maux-dits. Ce qui est dit se transforme en maux (Mal Et Diction). On peut se sentir sous l'emprise d'une énergie qui n'est pas la notre. On peut se sentir victime de la destinée, victime d'un sort, de malchance. Il nous semble que nous ne vivons que des échecs et des blocages.

Acte psycho magique : **« le coffre »**
- Acheter un coffre
- Choisir un symbole de la malédiction : si on se sent envoûter sexuellement, faire un sexe ; si on pense qu'une personne vous a jeté un sort avec un regard, prendre des yeux de verre. Si on imagine la malédiction lancée par une main, un poing rageur, modeler une main... Si on imagine une « poupée », réaliser une poupée à l'image de son corps.
- Réduire en poudre cet objet et verser la poudre dans le coffre.
- Verser de l'eau bénite dans le coffre, puis le sceller, et le jeter à la mer ou à l'endroit le plus profond d'un fleuve ou du haut d'une falaise.

Prière d'intention :

« Par le pouvoir de l'attention que je porte à la malédiction
portée sur moi,
Et par le pouvoir de l'intention de réduire à néant toutes sortes
de sortilèges lancées contre moi,
Je commande à l'intelligence innée de vie et à l'intelligence
innée de mon corps /esprit
De me donner le courage et la force de lâchez prise devant
n'importe quelle énergie déstabilisante qui se présente à moi
sous formes de paroles ou d'insultes maudites,
Même si c'est difficile pour moi de retenir ma rage intérieure.
Que mon corps le sache et l'intègre.
Qu'il en soit ainsi. »

MAUVAISE FOI : *« Je suis en confit avec une personne qui reste sur des positions d'une mauvaise foi déconcertante ».*

Acte psycho-magique : « le cordon noir »
- Prendre un cordon de couleur noir car le noir est couleur du deuil en occident.
- visualiser cette personne de mauvaise foi ou regarder avec attention une photographie de cette personne ou écrire le nom, le prénom et la date de naissance de cette personne sur un papier que l'on garde sous les yeux le temps de l'acte psycho-magique.
Faire un nœud au bout du cordon et dire : « Pour te chercher »
Faire un autre nœud à l'autre extrémité du cordon et dire : « Pour te trouver »
Attacher les deux nœuds ensemble et dire : « Pour t'attacher à toi-même et te délier à tout jamais de moi ! Lorsque tu voudras agir contre moi, c'est à toi que tu enverras ta mauvaise foi. »
Déposer le cordon lié par l'acte psycho-magique dans un vase en le mélangeant à la terre.

- Planter une fleur ou une plante vivace par-dessus.
Vous pouvez soit offrir la plante à la personne soit déposer le vase devant chez elle soit transplanter le tout dans la terre de la campagne ; ce dernier geste est le symbole du fait que vous souhaitez remettre l'acte dans les mains de l'intelligence innée de vie. Dans tous les cas, en remettant votre plante, dites à voix haute ou mentalement la phrase suivante : *« c'est à travers*

l'énergie de l'amour et du pardon que les choses se réparent. Qu'il en soit ainsi.»

MEDITATION AUTO-GUERISSANTE : *"Voyages internes à travers nos douleurs psychiques"*
= *"L'homme est un apprenti, la douleur est son maître, et nul ne se connaît tant qu'il n'a pas souffert".* Alfred de Musset
Nous avons tous connu des moments de crise existentielle, des moments où les douleurs psychiques nous empêchaient d'avancer ; de même, lorsque nous ressentons des douleurs physiques lancinantes dans une partie du corps, ou que nous sommes face à une maladie qui nous accable, nous pouvons chercher à puiser des ressources en nous, pour nous aider, nous donner de l'espoir, nous redonner du courage voire même de l'énergie... L'exercice que je vous présente ici m'a beaucoup aidée à surmonter les douleurs physiques et les graves maladies que j'ai connues au cours de ma vie. Je les faisais régulièrement en complément des traitements médicaux que je recevais de mes médecins. Il m'a apporté beaucoup de réconfort. Il convient d'abord de se mettre dans un état confortable de relaxation ou en état modifié de conscience. Lorsque vous êtes vraiment relaxé, la méditation thérapeutique peut commencer. Voici comment faire :

Technique de méditation :
- Se mettre dans un état confortable de relaxation (fauteuil confortable, lit, canapé) ;
- Prendre une ample inspiration en gonflant l'abdomen et la poitrine
- Expirer en creusant l'abdomen
- *« Imagine que ton ventre se gonfle de l'intérieur à l'inspiration et qu'il se contracte vers le centre de ton être à l'expiration »*
- Pendant un temps d'arrêt assez long entre chaque souffle dire mentalement la prière :
  *« Je choisis d'être en méditation, au centre de la pleine conscience, tout en vibrant à l'onde énergétique la plus élevée tolérée par mon système nerveux
  Même si je ne sais pas comment faire »*

- Pendant l'apnée, rester contracté. Ces instants de vide, représentent des petites morts pendant lesquels l'obsession de vivre en bonne santé est vitale. C'est là que tout se joue, tout se crée. Le cœur de la pleine conscience, ou Point Zéro, est l'endroit privilégié pour entrer en contact avec vos parts d'énergies vitales, vos guides invisibles. C'est un moment important.
- Se focaliser sur l'état d'être souhaité et faire comme si cet état d'être était déjà présent en nous, en bonne santé : il est fondamental que vous voyez, que vous projetiez mentalement l'image de vous en bonne santé (par exemple, vous pouvez vous voir riant, courant, nageant dans l'océan, dansant..., toute image vous montrant heureux et en pleine santé). Il est important de voir l'état d'être dans votre corps comme si vous étiez déjà guéri physiquement ou psychiquement.

Si vous souhaitez entrer en contact avec une de vos parts d'énergies négatives, (que nous pouvons appeler aussi vos programmes par défaut, vos parts d'ombre), dans tous les cas, c'est une part d'ombre qui vous ronge et vous rend "malade". Vous pouvez chercher par exemple à entrer en contact avec :

- la part qui vous accable de reproches (autocritique, dénigrement, sous-estime...)
- la part qui est toujours en colère (agressivité)
- la part qui vous oblige à vouloir avoir toujours raison, à vouloir contrôler, à vouloir prendre le pouvoir sur les autres... (prise de contrôle)
- la part de vous qui broie du noir, qui voit la vie en gris, qui vous pousse à déprimer sans raison (dépression, anxiété, angoisse)
- la part de vous qui vous pousse à dépenser tout votre argent, à jouer aux jeux, à être infidèle
- la part de vous qui représente l'enfant délaissé, battu...

NETTOYAGE

= Parfois il est bon de nettoyer nos mémoires nocives tout en conservant les ressources de ces mémoires. Souvent nous sommes pris en otage par ce que l'on nomme la « fidélité familiale invisible ». Nous sommes sous l'emprise de souvenirs qui appartiennent à nos parents, à nos ancêtres. Nous vivons des histoires qui ne nous appartiennent pas. Les disputes ou les conflits entre adultes peuvent être générés par des fidélités familiales. On se trouve dans des scénarios qui ne nous appartiennent pas et qui viennent de souvenirs du passé. Nous rentrons souvent en confusion parce que dans cette dispute, nous ne nous reconnaissons pas. C'est l'instinct qui a parlé et non la raison. Pour résoudre cela, cet acte permet de réguler nos comportements :

Actes psycho magique :
- Prendre des gobelets en carton
- Préparer sur un papier tous les griefs négatifs que l'on porte en soi sur une personne. Exemple : Edouard, mon frère, né le 15 juin 1985, je conserve en moi des souvenirs négatifs qui te concerne que je souhaite éliminer de mon inconscient et en particulier :
  - Ton indifférence à mon égard
  - Ta méchanceté pendant certains jeux
  - ton égoïsme
  - tes paroles moqueuses à mon égard
  - ton manque de respect à mon égard
  - ta condescendance à mon égard
- Sur chaque pot, écrire le mot principal du souvenir négatif (ex : indifférence, égoïsme, méchanceté, condescendance...) avec du blanco si le pot est noir ou avec un marqueur si le pot est clair. Il peut y avoir autant de pot que nécessaire.
- Ecraser chaque pot en déchargeant se colère et en disant la phrase correspondante. Exemple : « *je détruis la mémoire négative de ton indifférence à mon égard*» Ecraser le pot avec le pied ou avec la main en choisissant le geste le plus violent que l'on préfère. Le geste d'écrasement doit faire du bien à son inconscient qui « croit » que l'on a vraiment détruit le souvenir. Il va faire en sorte de l'éliminer ou de l'atténuer...
- Répéter cet acte pendant 7 jours consécutifs. On peut soit conserver les pots et les brûler en une fois ou les

brûler à chaque fois. Il faut les brûler en les regardant se consumer même si ça pue ; il faut rester concentrer sur son acte en ne pensant qu'à ce que l'on fait, sinon l'acte psycho magique ne sert à rien.

- Pendant 7 jours consécutifs, à la fin de cet acte psycho magique, dire à haute voix sans la lire (il faut l'apprendre pour s'en imprégner) la prière d'intention suivante :

Prière d'intention :

« A présent, je choisis, ici et maintenant, de mettre mon attention sur ma joie de vivre
Car j'ai l'intention de vivre en m'appuyant uniquement sur les souvenirs heureux liés à (citer le nom de la personne ou de la situation)
Je commande à l'univers (ou à Dieu, ou à l'intelligence innée de vie...) et à l'énergie vitale qui est en moi
De nettoyer mon inconscient et mon corps de toutes les mémoires négatives liées à (citer le nom de la personne ou de la situation),
et de ne laisser en moi que des souvenirs positifs et les ressources qui y sont liées
Que cette commande vibre à mon essence au niveau le plus élevé possible
Que mon corps et mon inconscient le sachent et l'intègrent
Je remercie du fond du cœur
Et je laisse agir »

OBSESSION *« je veux que mes pensées obsédantes cessent de revenir inlassablement »*
(Voir aussi GENEALOGIE)
= Ce rituel permet de nettoyer nos mémoires des problèmes, des pensées réactives, obsédantes, qui entravent notre vie. Il est particulièrement efficace pour régler les problèmes liés aux dettes, aux encaissements, aux contrats, aux amendes et aux procès, aux bulletins scolaires ainsi que les problèmes de conflits ou de trahison entre personnes. Vous ne vous souvenez pas de toutes les personnes que vous croisez dans votre vie mais seulement de certaines d'entre elles. Tant que la relation que vous établissez avec une personne est positive, vous engrangez en vous

une charge positive faites de ressources. Si la relation avec cette même personne change et engendre de la souffrance ou de la colère chez vous, alors votre mémoire est encombrée de pensées réactives. Vous l'avez compris, le principe de l'acte psycho magique étant de permettre de résoudre symboliquement à l'extérieur ce qui nous fait souffrir à l'intérieur, ce rituel est un processus symbolique de nettoyage virtuel de vos mémoires. Par cet acte, vous choisissez de ne conserver dans votre mémoire uniquement les ressources nées de cette relation que vous aviez avec cette personne. Nous demandons à l'intelligence innée de vie de nettoyer les mémoires qui dans l'ici et maintenant, produisent les problèmes dans notre vie car nous savons que l'intellect à du mal à lâcher l'emprise sur notre passé. " L'Occidental est allé très loin avec son intellect qui divise et maintient les gens séparés. L'homme est devenu destructeur parce qu'il manipule et contrôle plutôt que de laisser la force perpétuelle de la Divinité circuler à travers lui et le guider dans l'action correcte.

Acte psycho-magique :
- Se procurer un crayon à papier, une gomme à effacer et un cahier à couverture rigide ou une grande enveloppe cartonnée (rigide). Le cahier va nous servir à écrire toutes les tâches à accomplir pendant le rituel, et toutes les tares qui croupissent dans nos mémoires à travers nos fidélités familiales.
- Inscrivez la date. Ecrire les souvenirs réactifs que vous souhaitez nettoyer (mémoire de déprimes de mon conjoint, Mémoires de mes souffrances physiques, mémoires encombrées de toutes la lignée familiale de ma belle-famille, mémoires financières...)
- Fermer le cahier, ou glisser le papier que vous venez d'écrire dans l'enveloppe, en enfermant virtuellement les mémoires réactives qui appartiennent aux fidélités familiales, tout ce dont nous avons besoin de nettoyer.

Sur la couverture, donnez plusieurs coups avec la gomme à effacer en demandant en même temps à l'intelligence de vie associée à l'intelligence innée de notre corps/esprit de nettoyer en soi, toutes les mémoires obsessives inscrites à travers les pages des souvenirs : « Mes chères mémoires, je suis désolée, je vous demande pardon, je vous aime et je vous remercie de l'opportunité que vous me donnez de me libérer et de vous nettoyer. Même si j'ai des doutes envahissants. Que mon corps le sache et l'intègre. Qu'il en soit ainsi ». Dès que vous le pouvez, dans la journée, répétez ces 4 paroles : « Je suis désolé(e) ! Je vous demande pardon ! Je vous aime ! Je vous remercie ! ». Vous pouvez répéter cela pendant 22 jours consécutifs.

Prière d'intention :
« Divine intelligence de vie, nettoie en moi à travers ces écrits,
qui peuvent être la cause d'un conflit ou d'un problème
quelconque,
Dans n'importe quelle situation ou lieu environnemental.
Même si je ne sais comment.
Que mon corps le sache et l'intègre.
Qu'il en soit ainsi. »
Exemple : Imaginons que nous passions par des moments de préoccupation financière, avec des retards de facture, des dettes, des lettres de relance, nous inscrivons et mettons ces comptes et documents dans un cahier ou dans une enveloppe. Nous donnons plusieurs coups sur la couverture du cahier ou sur l'enveloppe en demandant à l'intelligence innée de vie de nettoyer en nous tout ce qui contribue à produire ces problèmes.

PERFECTION : *surmonter le désir de perfection*

Prière d'intention :
« Par la grâce et le pouvoir que m'accorde l'intelligence innée de vie,
Je commande à mon esprit inconscient de trouver la porte d'accès par laquelle l'amour vibrant aux taux vibratoire de mon essence, soit en permanence dans un état de compassion et de bienveillance,
Tout en me pardonnant de ne pas être parfaite,
Même si je ne sais pas comment prendre de décisions polarisées,
Par le souci de réussir ou la crainte d'échouer.
Je remercie
Je t'aime

Et je laisse agir »

PERSONNALITE

= La personnalité fausse est à 100% construite avec le regard des autres.

Prière d'intention :

*« Par la grâce et le pouvoir que m'accorde l'intelligence de vie,
Je commande à mon esprit inconscient
La force de changer ce que je peux changer
Le courage d'accepter ce que je ne peux changer
La sagesse d'en comprendre la différence
Tout en amplifiant la fréquence vibratoire de mon essence, dans
l'amour de moi au point zéro
MEME SI mon mental n'est pas conscient de ce qu'il ne
comprend pas. »*

PEUR DE L'ECHEC : « je veux dépasser la peur de l'échec » / « je veux surmonter la culpabilité de la réussite »

Prière d'intention :

« Par la grâce et le pouvoir que m'accorde l'intelligence innée de vie, je commande à mon esprit inconscient de faire coexister, au cœur de la pleine conscience, la peur de l'échec avec la culpabilité de la réussite, MEME SI, par rapport à mes expériences passées, je n'y crois pas du tout. Que mon corps le sache et l'intègre »

PRENOM : « *Je change de prénom pour changer de vie* »
= Transformer son nom ou son prénom en pseudonyme
    Si votre nom vient de votre héritage familial généalogique et est transmis par filiation automatique, votre prénom lui, vous est donné par votre père ou par votre mère (ou les deux). Il est souvent chargé d'un désir parental inconscient. La façon dont nous sommes nommés n'est pas le fruit du hasard mais correspond à un véritable projet généalogique. Au travers de

certains prénoms que nous donne notre famille, se dissimulent des secrets, des secrets affectifs. Un prénom peut donc avoir des secrets cachés. Nous ne sommes pas responsables de nos noms et prénoms donnés par filiation, mais nous sommes responsables du sens que nous donnons aux événements. Epictète disait : "ce qui trouble les hommes, ne sont pas les choses, mais les opinions qu'ils en ont ».

Si votre prénom n'a aucun lien de parenté, proche ou éloigné, avec un membre de votre lignée familiale, il ne vibrera pas à la même fréquence que les programmes et les projets sens des ascendants. On peut donc présupposer, ou faire "comme si", il appartenait à une autre filiation.

Notre inconscient est un gardien incroyable de nos souvenirs familiaux, soit par mimétisme, soit par génétique. Si vous changez de prénom, votre inconscient ne peut plus transmettre les fidélités invisibles familiales liées à ce nouveau prénom, parce qu'il ne le reconnaît pas. Et puisque le cerveau ne fait pas de différence entre la réalité et l'imaginaire ou le virtuel, notre nouveau prénom devient pour lui synonyme d'un nouveau programme de vie. Il y a rupture avec le projet sens parental inconscient. Le nouveau pseudonyme crée une autre réalité, tel un monde parallèle où il est enfin possible de réaliser ses rêves. C'est une libération par rapport au clan et surtout une libération des programmes et des projets anciens avec leurs charges émotionnelles. Changer de nom ou de prénom est un acte symbolique dû à une prise de conscience nécessaire pour casser cette répétition problématique, pour déprogrammer ces enchaînements.

Je vous conseillerai d'éviter de donner des prénoms de parents ou de personnalités ayant un destin difficile ; donnez plutôt à vos enfants des prénoms correspondant à des personnes heureuses de vivre ou qui ont été bienveillantes, chanceuses, compatissantes, brillantes...

Exemple 1 : « Je m'appelle Julien et je n'arrive pas à gagner de l'argent, ni à avoir une relation harmonieuse dans mon couple ! »
Analyse psychologique : "Julien" est le prénom d'un de mes aïeux qui a été transmis de génération en génération, cher au cœur de mon père. Par fidélité familiale, celui-ci

m'a transmis ce prénom et en même temps tous les programmes inconscients toxiques de cette filiation. En effet, la plupart des « Julien » de ma généalogie n'ont jamais pu joindre les deux bouts ou ont fait faillite et par conséquent, leurs unions se sont soldés par des ruptures et des mésalliances.

Action : Julien est en fidélité familiale inconsciente. Julien change de prénom et décide de s'appeler André. Il casse la filiation et met ainsi un nouveau programme dans sa vie.

Exemple 2 : Nicole, professeur de lettre, subissait à travers son prénom tous les tourments de sa vie de femme passée (divorce, relations houleuses...). A chaque fois qu'elle prononçait son prénom « Nicole », elle se mettait à vibrer négativement, et son programme énergétique ressource « j'ai besoin d'un compagnon » était déstabilisé. Elle ne parvenait pas à rencontrer quelqu'un. Jusqu'au jour où Nicole a décidé de changer de prénom et de s'appeler « Harmonie ». Deux mois après, elle a rencontré le compagnon qui fait désormais partie de sa vie.

PROTECTIONS *« Je veux trouver ou fabriquer des objets de protection »*
Talismans, porte-bonheurs, pentacles représentent des objets symboliques de protection. Ces objets sont destinés à absorber les énergies négatives, les malveillances qu'elles proviennent d'entités inconnues, de fréquences vibratoires trop lourdes à supporter ou tout simplement d'une personne avec laquelle nous sommes en disharmonie vibratoire. Ils nous servent de défenseurs, de gardiens et agissent comme des boucliers en nous garantissant tout le soutien dont nous avons besoin. L'inconscient crée une auto-défense énergétique pour protéger notre corps énergétique.

- **L'aimant**

Un aimant de protection... Dans aimant, il y a le mot amour. L'aimant que je porte sur moi me protège inconditionnellement.

- **L'éponge absorbante**

Elle se laisse absorber par toutes les énergies noires, préservant ainsi notre santé psychique et physique.

En présence d'une personne avec qui je suis à table tous les jours et qui m'agace outrageusement.

- Je place sur cette table, une éponge (brute) et je dis :

« Par le pouvoir d'absorption de cette éponge, que toutes les énergies qui ne vibrent pas à mon essence, comme des critiques acerbes ou des paroles de mauvaises foi soient absorbés par cette éponge »,

- A la fin du repas laver cette éponge et la faire sécher si possible au soleil (qu'elle reprenne l'énergie du soleil) et la remettre sur la table. Cela pendant au moins 3 semaines,

- puis la brûler, et jeter les cendres

Si ce n'est pas possible de la placer sur la table, découper cette éponge en 8 parts (pour 8 jours) 15 parts pour 15 jours, 30 parts pour 30 jours, porter sur soi une part en présence de la personne nocive.

Le charbon

Absorbe les énergies malveillantes et maintient le corps en bonne santé. Si on absorbe du charbon (à se procurer en pharmacie), il absorbe les toxines physiques, neutralise les gaz du corps...

Les personnes malades ou dépressives attirent vers elles les fréquences énergétiques dont elles ont besoin ; peu à peu, elles vident littéralement les vôtres. De nombreuses personnes qui s'occupent des personnes malades ou qui vivent avec une personne dépressive, disent : « je me sens vidée de moi-même ». Ces personnes dépressives ou envahissantes par leurs côtés victimes sont des vampires inconscients qui absorbent vos énergies vitales et votre semence de vie. Pour vous protéger :

- Porter sur vous, un petit carré de charbon enroulé dans un kleenex
- Le brûler tous les soirs.
- Renouveler l'opération tant que vous rester en contact avec cette personne. Tant que vous ne vous êtes pas libéré de sa persécution.

La ceinture de protection

Donne l'assurance dont j'ai besoin en cas de conflit et me libère du stress provoqué par un autre.

En présence d'une personne (familiale, amicale, professionnel), en présence d'amis ou d'ennemis, en présence d'une personne qui m'agace au plus au point.

- J'achète un ruban de la couleur que je considère être la couleur protectrice. Je l'achète de couleur rouge pour la colère, rouge sang pour la rage, noir pour le désespoir infini et les envies de meurtres contre cette personne (symbolique). Ou bleu foncé s'il s'agit de rancœur.
- Je place cette ceinture de protection autour de la taille et je dis « s'il te plaît, je te demande à toi mon cerveau, qu'en présence de cette personne, et quelque soit la situation qu'elle m'impose, telle qu'énergie déstabilisante ou même d'un groupe malfaisant pour moi, je me sente complètement protégé et à l'aise grâce à ma ceinture de protection. Que mon corps le sache et l'intègre.
- Je fais cette prière d'intention :
  Par le pouvoir de l'attention que je porte à mon bien-être, et le pouvoir de l'intention de sortir de cette relation conflictuelle, je commande à l'intelligence innée de vie, par l'antenne énergétique qui me lie à l'intelligence innée de

mon corps esprit, qu'en présence de cette corde de protection, je me sente en harmonie avec moi-même, lucide et tranquille, tout en m'imprégnant de cette présence aimante qui m'habite et qui m'aime, même si j'ai de la rancune et envie de me venger. Que mon corps le sache et l'intègre, qu'il en soit ainsi.

• __Le mandala de protection__

Pour ancrer davantage les décisions que je prends, pour mes besoins fondamentaux,

-Ils consistent souvent à devenir indispensables, grâce aux symboles inscrits dessus. Style yin et yang, ou un talisman de protection,

On peut le fabriquer soi-même, avec du parchemin et rajouter une petite plaque de cuivre derrière le talisman.

.-on peut aussi l'accrocher au-dessus des portes et des fenêtres ou ils agissent comme protecteurs...

-et si une personne me veut du mal, renvoie-lui simplement tel un boomerang les maléfices qui lui appartiennent. Qu'il soit fait selon la loi cosmique de la cause à effet.

Style yin et yang, ou un talisman de protection, le porter sur soi, dire chaque jour en le touchant, que la protection que tu dégages rejette, hors de moi tout ce qui est nuisible, et si une personne me veut du mal, renvoie lui simplement tel un boomerang les maléfices qui lui appartiennent. Qu'il soit fait selon la loi cosmique de la cause à effet.

• __Le gros sel marin__

Le sel brut non raffiné est un capteur puissant d'énergies qui sont négatives pour nous.

• __Les cactus__

__remède universel__

    A. Par la levée des blocages énergétiques

    B. Le nettoyage des énergies usagées

    C. L'équilibre des polarités du corps

D. Le magnétisme crânien.

Les problèmes liés aux blocages énergétiques avec les chocs énergétiques qui s'y rapportent, peuvent être résolus grâce à la transmutation des énergies grâce ces rituels faits en toute conscience.

Acte psycho-magique :
- Fabriquer un décagone double (12 côtés)
- Poser un verre d'eau de source sur le décagone
- Ecrire sur le verre : « je m'aime sans condition »
- Ecrire sur une feuille blanche une prière d'intention en précisant ce que l'on désire guérir. Ecrire cette prière avec votre propre sang ou avec un liquide rouge imitant le sang. Si cette prière est destinée à quelqu'un d'autre, écrire avec de l'urine ou une couleur liquide rappelant l'urine.

Par exemple :

« Par le pouvoir de la mémoire de l'eau de source,
Je commande à l'intelligence innée de vie
D'envoyer et de laisser se pénétrer la meilleure information qui soit pour
Traiter (écrire votre trouble précisément)
Que cette information coexiste avec d'autres informations nécessaires à mon auto-guérison au point zéro.
Que ces informations vibrent à mon essence à son taux le plus élevé (toléré par mon système nerveux).
Même si mon mental n'est pas conscient de ce qu'il ne comprend pas.
Que mon corps le sache et l'intègre.
Qu'il en soit ainsi.

- Placer cette prière sous le verre pendant toute une nuit.
- Boire une petite gorgée de cette eau dès le saut du lit, à jeun, puis à petites gorgées durant la journée.

Renouveler l'eau chaque jour et refaire le même procédé pendant 22 jours.

RESSENTIMENT : « une personne a bafoué une de mes valeurs et j'éprouve du ressentiment à son égard»

= Comment se libérer de ce sentiment qui vibre à une fréquence trop lourde pour moi.

Ce qu'il faut comprendre, c'est qu'en faisant cet acte, on n'élimine pas la personne mais on provoque un changement dans notre mémoire. La vibration de la sensation d'impuissance, de rage et de rancœur qui a été accumulée, se transforme petit à petit ; le stress s'évacue car les sensations énergétiques sont rétablies à la vibration de notre propre essence ; le corps retrouve un sentiment de légèreté.

Acte psycho-magique : (la personne est vivante)
Se procurer un coussin, appliquer dessus une photo de la personne concernée (en la collant, en l'agrafant, ou mieux encore en réalisant un collage transfert à chaud sur le tissu)
Taper dessus pour libérer notre colère : l'acte est réalisé symboliquement.

Acte psycho-magique : (la personne est défunte)
La personne défunte vous a fait du mal et vous attendez toujours une réparation. Faire comme si la personne défunte était toujours vivante et qu'elle vous a écrit une lettre.
- Ecrire la lettre que vous auriez aimé recevoir de la part de la personne défunte
- Demandez à un ami de poster cette lettre à votre adresse d'où il voudra au moment où il voudra.
- Quand vous recevez la lettre, lisez-la à haute voix.
- Brûler-la et diluez une pincée de ces cendres dans un apéritif ou une boisson sucrée (le sucre représente les sentiments affectifs).
- Enterrez les cendres qui restent, soit :
    Dans un pot de fleurs avec une fleur au-dessus puis déposez la plante devant la tombe de la personne disparue
    Dans un endroit ensoleillé.

SENTIMENT D'INJUSTICE DANS L'ENFANCE : « *Mon frère (ou ma sœur) a retenu toute l'attention de mes parents à mon détriment* ».

= Devenus adulte, nous nous comportons vis-à-vis de nos rancœurs du passé comme l'enfant de jadis ; ces rancœurs, même si elles se manifestent au présent, ne sont que des manifestations du passé. Vous allez réaliser un acte pour permettre à l'inconscient de considérer que la vengeance est réalisée et vous libérer de ces mémoires du passé.

Acte psycho-magique :
Cet acte psycho-magique est expliqué par Alejandro Jodorowski dans son livre « Manuel *de psycho magie* » :
-   Coller la photo de votre sœur ou de votre frère sur un melon (si vous êtes un homme) ou sur une pastèque (si vous êtes une femme).
-   Ecraser le fruit à coup de pied ou monter sur le fruit pour l'écraser petit à petit.

SABOTAGE « Mes parents ont projeté sur moi un projet qui ne m'appartient pas »
= Sentence de ressemblance, résilience, en vertu de la loi des attractions des vibrations, nous attirons nous-mêmes ce que nous recevons. Et notre conscience nous invite à comprendre que nous ne sommes pas des victimes, mais des acteurs en tout. A l'injonction qui précède le projet-sens qu'avaient les parents pendant les neuf mois qui précèdent la conception de l'enfant et marque l'enfant d'un objectif qui n'est pas le sien, mais qui se réactive à la moindre occasion.
Le sabotage est souvent la rencontre du projet-sens parental avec notre projet d'élan personnel. Afin de calmer l'agitation émotionnelle, pour transformer notre dialogue intérieur négatif en dialogue intérieur positif, en les faisant coexister au cœur de la pleine conscience, notre inconscient choisira ce qui sera le plus juste pour nous. Si je prends conscience qu'il n'y a aucune séparation entre la réalité extérieure et celle de l'intérieur. On apprend que l'agitation émotionnelle est un obstacle pour la réalisation de nos objectifs quels qu'ils soient, et il est possible de transformer un dialogue interne destructif en un dialogue constructif. La plupart des gens veulent être émotionnellement libres.

SEXE : « *Je suis née fille mais mes parents voulaient un garçon ou vice versa* »

= Certaines personnes souffrent du fait que leurs parents attendaient un enfant d'un autre sexe. Les parents ont projeté sur cet enfant à naître de nombreuses choses et restent déçus à la naissance d'une fille s'ils voulaient un garçon et d'un garçon s'ils voulaient une fille. Ils revêtent alors d'un « costume » symbolique cet enfant qui ressent un blâme intérieur de ne pas pouvoir répondre au désir contrarié de ses parents. A l'intérieur de lui, un débat terrible s'engage pour rester lui-même. Pour vivre pleinement sa vie, la personne doit se défaire de ce « costume » par un acte psycho magique qui permet de chercher et de trouver l'enfant égaré parmi toutes ses projections qu'on a pu faire sur lui. Pour réparer cette souffrance, l'acte symbolique consiste à devenir l'autre enfant d'une façon métaphorique : si je suis une fille et que mes parents voulaient un garçon, je vais me transformer en garçon ; s'ils voulaient une fille, il faut devenir garçon. L'inconscient a besoin d'une pratique universelle et se dévêtir de ses vieux vêtements et les jeter comme on jette symboliquement l'ancien moi, pour se revêtir de nouveaux vêtements, est un signe fort de quelque chose de nouveau qui se met en place.

Acte psycho magique : (si vos parents sont toujours vivants)
- Achetez des vêtements de femme si vous êtes un homme et des vêtements d'homme si vous êtes une femme.
- Présentez-vous devant vos parents habillés (e) avec les vêtements en leur faisant la surprise : « Je vous fait plaisir ! Voici la fille (ou le garçon) que vous auriez aimé avoir. »
- Déshabillez-vous devant eux et rhabillez-vous avec des vêtements neufs.
- Placez tous les vêtements que vous venez d'enlever dans une boîte en carton et offrez la à vos parents en leur disant : « voilà, ça c'est ce que vous avez projeté sur moi et qui m'a empêché de vivre pleinement ma vie de femme (ou d'homme) ; maintenant je vous rends vos fantasmes. Faites en ce que vous voulez». En rendant vos vêtements, vous dites solennellement : je vous rends ce qui ne m'appartient plus et

je reprends ma véritable identité et ma vraie personnalité. Je peux aujourd'hui être enfin moi-même.

- Quittez-les après leur avoir offert des bonbons ou leurs fleurs préférées ou leur pâtisserie préférée.

Acte psycho magique : (Si vos parents sont décédés)

- Ecrire une lettre à la personne défunte (père, mère ou les deux) en expliquant tout ce qui nous a fait du mal et que l'on a jamais dit ; dire la colère ou la haine, dire la souffrance que cela a provoquée en nous.
- Fabriquer un symbole de ce qui nous a tant blessé. Exemple : « *mon père voulait un garçon et je suis née fille. J'ai souffert toute ma vie de cela. Je fabrique en argile un petit garçon* ». Penser à mettre les attributs de la masculinité : sexe, habits...
- Laisser sécher l'argile
- Se rendre sur la tombe de la personne défunte habillé(e) en garçon si on voulait que vous soyez garçon ou en fille si on voulait que vous soyez une fille. Lire cette lettre à haute voix. A cet instant, vous restituez à la personne défunte ce qui lui appartient, ces mémoires réactives qui vous détruisaient.
- Brûler la lettre sur la tombe et répandre les cendres dans les moindres interstices comme pour rejoindre la terre. Tout retourne à l'état de cendre. Restitution d'un non-dit étouffant et paralysant.
- Déposer le symbole en argile sur la tombe et le briser. A la première pluie, l'argile sèche se transformera en boue et redeviendra de l'argile pure.
- Etaler du miel avec un pinceau sur chacune des lettres écrites sur cette tombe : nom, prénom, date de naissance, de mort, comme une réconciliation et une reconnaissance de que la personne défunte a été et de laquelle vous êtes issu(e). Fleurir cette tombe en choisissant la fleur ou la plante préférée du défunt.

A partir de cet instant, vous reprenez votre véritable identité et votre personnalité. Vous redevenez vous-même.

TENSIONS DANS LE COUPLE *: « je vis une situation tendue avec mon (ma) conjoint(e) »*
= Si une tension persiste entre moi et la personne avec qui je vis, et que je veux me protéger d'elle. Par exemple, si je me sens emprisonné dans une « armure d'acier » dès que je suis à son contact en raison des tensions qui existent entre nous.

Acte psycho magique :
- Se procurer une image d'une armure de chevalier. Arme/mur Arme et mûre. L'armure est l'armure psychique.
- Découper les parties de l'armure
- Imaginer enlever les morceaux de l'armure un après l'autre. Démonter l'armure, en la visualisant.
- S'imaginer être recouvert d'une énergie bienfaisante, pleine de lumière.
- Enterrer les morceaux.
- Fabriquer un bouclier (en carton ou autre matériau) et le porter jusqu'à ce que vous n'en n'ayez plus besoin, quelques heures par jours.
Trouver une image de chevalier, ou l'acheter avec tout l'apparat de son armure, épée et filet.
Si vous considérer que votre armure émotionnelle est très rigide, Commencer le rituel à la nouvelle lune et pendant 21 jours.
S'en occuper, manger avec lui, lui parler, lui dire des mots d'amour
Puis l'enterrer avec des gouttes de votre sang et déposer un petit pot de miel sur la terre.

Vouloir avoir raison à tout prix
= Quand nous passons notre temps à accuser l'autre, ou les autres, de toutes les fautes, nous sommes dans un état de colère constante. Cela dégénère en disputes et sape le couple qu'il s'agisse de relation amicale ou de relation d'amour. Dans ce contexte, nous pouvons utiliser la loi d'AMRA, considérée par les égyptiens de l'époque pharaonique, comme une doctrine sacrée. Cette loi mystique repose sur le principe que lorsque l'on demande une faveur ou que l'on reçoit quelque chose en guise de don, et que l'on obtient sa réalisation, il faut en retour en faire profiter autrui. Elle consiste à rendre les bienfaits qui vous ont été

accordés. C'est la loi du don, un principe universel d'abondance et de prospérité. Cela permet de changer la perception que nous avons de la réalité. Si vous demandez l'aide de Dieu ou des guides invisibles pour résoudre vos soucis, la maladie, la souffrance, les épreuves de la vie ou si vous avez besoin d'être assisté(e) pour telle ou telle décision, et que vous obtenez satisfaction, il faut à votre tour apporter votre contribution. Par exemple, si vous aviez un souci matériel, et que votre situation s'améliore, pensez à reverser une partie de ce gain à une personne nécessiteuse. Vous prélevez ainsi une dîme sur les bienfaits que l'intelligence de vie nous accorde. Ce paiement peut se faire sous diverses formes et pas seulement avec de l'argent. Cela peut être un service altruiste ou une aide quelconque, une écoute attentive, un cadeau.

Le comportement obsessionnel « j'ai toujours raison », comme de nombreux trouble obsessionnel, peut être grandement amélioré en utilisant la loi d'Amra. Elle permet de transformer une expérience douloureuse en une nouvelle conscience. Elle nous rend plus libre émotionnellement. Emotionnellement, je réagis soit par le plaisir, soit par la douleur morale. Si l'amour nous amène du plaisir satisfaisant, la douleur morale nous causera de la peur viscérale et vice versa. Par la loi d'AMRA, on apprend non pas à éviter la douleur ou la peur, mais plutôt à les apprivoiser. La loi d'AMRA permet à notre EGO de coexister avec nos perceptions sensorielles sans les juger ni les critiquer, ni les condamner ... et nous pouvons retrouver notre équilibre interne naturel et nous synchroniser davantage à l'amour de soi.

Acte psycho-magique :
- Placer un bocal ou une tirelire dans un endroit de la maison, ou de votre lieu de travail, où vous pouvez le voir constamment.
- Chaque fois que le comportement « j'ai toujours raison » apparaît, remerciez cette part de vous qui vient de se manifester.
- Payer « une dîme », en pièce de monnaie (à vous d'en estimer le montant), en la mettant dans le bocal.
- Chaque fin de mois, donnez la totalité de l'obole à quelqu'un qui est dans le besoin. Mais faites attention à ce que la

personne à qui vous offrez cette somme, ignore d'où elle vient. Cela doit vraiment représenter un don gratuit.

Si vous remarquez que vous n'arrivez pas à contrôler vos pulsions de guerrière, augmentez la « dîme » de plus en plus, si cela s'avère nécessaire. Ce sera comme un crédit/débit. : « *Je paie ma dette à l'intelligence divine en en faisant profiter quelqu'un* ».

Prière d'intention :

« Par le pouvoir de l'attention que je porte au dialogue interne positif pour moi
Et par le pouvoir de l'intention que j'ai d'être libre émotionnellement et de libérer mon âme de tous les mélodrames quotidiens
Je choisis
De relier cette intention au champ d'intelligence consciente,
De m'aider à transformer mon dialogue interne destructeur en un dialogue interne constructeur
Tout cela afin de pacifier mon agitation émotionnelle
Même si je ne sais pas comment
Que mon corps le sache et l'intègre.
Et je laisse agir »

VIOLENCE Subie ou donnée

Acte psycho magique :

- Ecrire une lettre à la personne qui nous à fait subir une violence, ou s'écrire une lettre à soi-même si l'on a fait subir une violence à quelqu'un. Cette lettre doit comporter toute la colère ou la rage que l'on a éprouvée, ainsi que toutes les émotions subies.
- Puis, signer la lettre de son nom et prénom.
- Une fois la lettre terminée, la brûler et boire une pincée des cendres, dans un liquide à votre convenance.
- Puis faire voler les cendres dans la nature ou les enterrer dans un endroit où il y a de la terre.
- A l'endroit choisi, déposer un pot de fleur ou un pot de miel en disant « Terre, reprend ce qui ne m'appartient plus. Je te remercie pour cet acte d'amour. Qu'il en soit ainsi ».

Prière d'intention :
Je choisis d'être au présent et en sécurité dans les situations de stress, au cœur de la pleine conscience, tout en intégrant la violence mentale et verbale que j'ai connue, lorsque j'étais enfant, même si je me sens victime d'une insécurité émotionnelle.

Vouloir ou l'Art du Vouloir

= Vouloir est l'émission d'une force de pensée mentale. On l'appelle la pensée volitive. Cette pensée mentale est dirigée par la force de l'intellect qui signifie :
- La capacité à l'attention
- La capacité à l'abstraction
- La capacité d'attraction

Elle est utile pour réaliser mes objectifs sur le plan matériel, pour améliorer mes compétences, pour optimiser mes performances. La décision d'un objectif s'obtient par une sorte d'alchimie mentale, une transmutation des éléments matériels de notre être, en une énergie dirigée vers le point, où l'endroit désiré.

Si je mets mon attention sur l'objet de mon choix, je commence à faire corps avec.

Si je sais ce que je vois, je fais la lumière sur mon objectif. La lumière focalise mon attention sur la pensée retenue et l'amplifie considérablement. Le mélange de la lumière, catalyseur de la pensée, et de la pensée donne une visualisation claire. C'est la visualisation créatrice. J'ai alors la capacité d'attirer vers moi ce que je veux. Je peux voir se réaliser ma pensée sur le plan matériel.

Exercice :

Faire une image de la pensée qui devient un ordre pour notre esprit conscient, nous pouvons trouver une image qui sera en quelque sorte la jumelle de cette pensée. Lorsque cette image persiste et devient un gros photon.

1 : Je fixe pendant 30 secondes la bougie, la lumière ou la lampe de poche.

2 : Je fixe cette pensée dans mon front et je l'implante au centre des deux yeux.

Je peux donner une couleur particulière à cette pensée.

3 : j'observe le gros photon, l'image de persistance rétinienne, dans l'obscurité pendant 30 secondes

Pour l'image de persistance rétinienne, mettre votre pensée ou l'image mentale de votre pensée à l'intérieur du gros photon en miniature

Une fois l'image mentale bien stable et bien claire, projetez la dans l'espace. Nous pouvons imaginer que nos yeux sont comme des rayons-lasers pilotés par le centre de volition – le troisième œil – et ressentir la puissance et la position à cet instant.

Témoignages

BRUXISME

Une de mes clientes était atteinte de bruxisme (grincements des dents incontrôlés) ; Après sa consultation, cette cliente décide de travailler avec le dictionnaire des synonymes et des antonymes. Elle nous décrit ici le travail qu'elle a accompli pour réaliser sa prière d'intention :

Prière d'intention :

« J'ai trouvé l'explication du bruxisme dans le livre « le grand dictionnaire des malaises et des maladies ». Il est dit : « lorsque je grince des dents, je vis dans l'insécurité. Je me sens anxieuse et je réprime mes émotions ».

1 - J'écris donc cette phrase « Je-me-sens-anxieuse-et-je-réprime-mes-émotions », en séparant chaque mot par un tiret. Je la relis plusieurs fois pour bien m'en imprégner.

Je vis donc 3 problèmes :
- Insécurité
- Anxiété
- Refoulement de mes émotions

2 - Je cherche les opposés de ces 3 problèmes dans le dictionnaire des antonymes. Ceux que j'ai trouvés sont :

Insécurité -opposé- sécurité.

Anxiété -opposé- sérénité

Réprimer ses émotions -opposé- libérer ses émotions.

3 - Je trouve l'image mentale, la métaphore, qui correspond à chacune des trois difficultés :
- Insécurité représente pour moi un ciel d'orage très noir, zébré par des éclairs, du tonnerre, du vent et de la pluie violente. Son opposé sécurité est un ciel bleu, étincelant et pur.
- L'anxiété est un puits sans fond, dans lequel je peux tomber. Son opposé sérénité est un filet de protection qui, justement, me protège de la chute.

- La répression des émotions est comme une camisole de force qui m'habille et qui m'empêche de m'exprimer. Son opposé est la libération. Donc je me visualise me libérant en coupant les liens de la camisole.

4 – J'écris mes 3 prières d'intention en faisant coexister les 2 opposés à chaque fois :

Je me centre sur ce ciel d'orage très noir et son opposé, le ciel bleu, et récite la prière suivante :

« Moi, Christine, née le..... 1964, à ....
Je m'adresse à la part qui s'occupe du bruxisme chez moi.

Par le pouvoir de l'attention et de l'intention,
Je commande à l'intelligence innée de vie alliée à mon corps-
esprit
De faire coexister l'insécurité (ciel d'orage noir) avec la sécurité
(ciel bleu pur) au cœur de la pleine conscience*, nourrissant mon
essence,
Et je laisse agir, même si cela me semble difficile »

Je me centre sur le puits sans fond et le filet de protection et je récite la prière suivante :

« Par le pouvoir de l'attention et de l'intention,
Je commande à l'intelligence innée de vie alliée à mon corps
esprit
De faire coexister l'anxiété (puits sans fond) avec la sérénité
(filet de protection) au cœur de la pleine conscience*,
nourrissant mon essence
Et je laisse agir, même si cela me semble difficile »

(Et je place la coexistence de ces deux images du puits sans fond et du filet de protection, en les visualisant dans mes dents).

Je me centre sur la camisole de force et sur ma libération et je récite la prière suivante :

« Par le pouvoir de l'attention et de l'intention,
Je commande à l'intelligence innée de vie alliée à mon corps
esprit

*De faire coexister la répression des émotions (la camisole) avec
la libération de mes émotions (je me visualise me libérant – je
lève les bras au ciel)
Au cœur de la pleine conscience* nourrissant mon essence
Et je laisse agir... Même si cela me semble difficile.*

Tout en plaçant la coexistence de ces deux images, de la camisole
et de ma libération, en les visualisant dans mes dents.

ANXIETE MALADIVE

Depuis le décès de son père, Agnès pense jusqu'à l'absurde, que
son père a choisi de partir tôt, et parce qu'elle n'a pas pu lui dire
adieu, elle a développé une culpabilité intense par rapport à ses
propres émotions. Elle souffre d'une anxiété maladive, et
quoiqu'elle fasse pour atténuer sa souffrance, rien n'y fait. Elle a
fait un bout de chemin chez un psy et elle s'est sentie soulagée un
moment, parler de son deuil et évacuer son stress par la parole l'a
apaisée quelque temps. Mais cela n'a pas suffi, même sous
médication.
Je lui pose la question : « qu'est-ce que vous pouvez faire pour
vous. Elle me répond : « j'ai l'impression de tourner en rond et je
ne sais plus quoi faire ». J'explique qu'il est temps pour elle de
décider de s'en sortir, de mettre en place un objectif et de se
motiver pour l'atteindre.

Voici son cheminement vers la guérison :
- Signature d'un contrat d'engagement
- Réalisation d'un acte psycho magique : Ecriture d'une lettre à
  son père défunt dans laquelle elle exprime tout ce qu'elle a
  sur la conscience, la rage qu'elle a développée à son égard.
  Puis elle exprime les mots d'amour qu'elle ne lui a pas dit.
  Elle doit signer cette lettre avec son sang. Lorsqu'il s'agit
  d'un parent, le sang représente une sorte de vaccin, comme
  un anticorps. Elle brûle la lettre et dépose une pincée des
  cendres dans une boisson qu'elle avale. Elle dépose le reste
  des cendres sur la tombe de son père accompagné d'un pot de
  miel.

- Prière d'intention pendant 21 jours :
« Aujourd'hui, je choisis l'acceptation du moment présent et je
maintiens mon attention centrée sur le présent ici et maintenant,
au centre du cœur de la pleine conscience*, même si mon mental
n'est pas conscient de ce qu'il ne comprend pas,
Que mon corps le sache et l'intègre ».
- Acte symbolique : conserver un objet symbolisant son
  anxiété tout le temps où le stress est présent.
Agnès accomplit tout cela et son anxiété, par rapport à ce deuil,
s'envola.

Conclusion

Jadis, les hommes vivaient dans la nature, en suivant la
ronde des saisons, les cycles de la lune, pour leurs plantations et
en accord avec les rites et les cérémonies qui accompagnaient des
événements de la vie, comme les mariages, les naissances ou tout
autre événement important.

Faire face à un changement suppose de rester alerte au
présent, et de vivre ce présent avec ses tripes, à travers toutes les
cellules de notre corps. C'est comme faire entrer la lumière dans
notre obscurité intérieure. C'est dire « oui » à ce qui est et ce qui
sera, en nous centrant sur le champ énergétique de notre corps ;
c'est dire merci à la vie.

*« La magie est l'art de mettre en mouvement des énergies
naturelles pour opérer le changement voulu.*

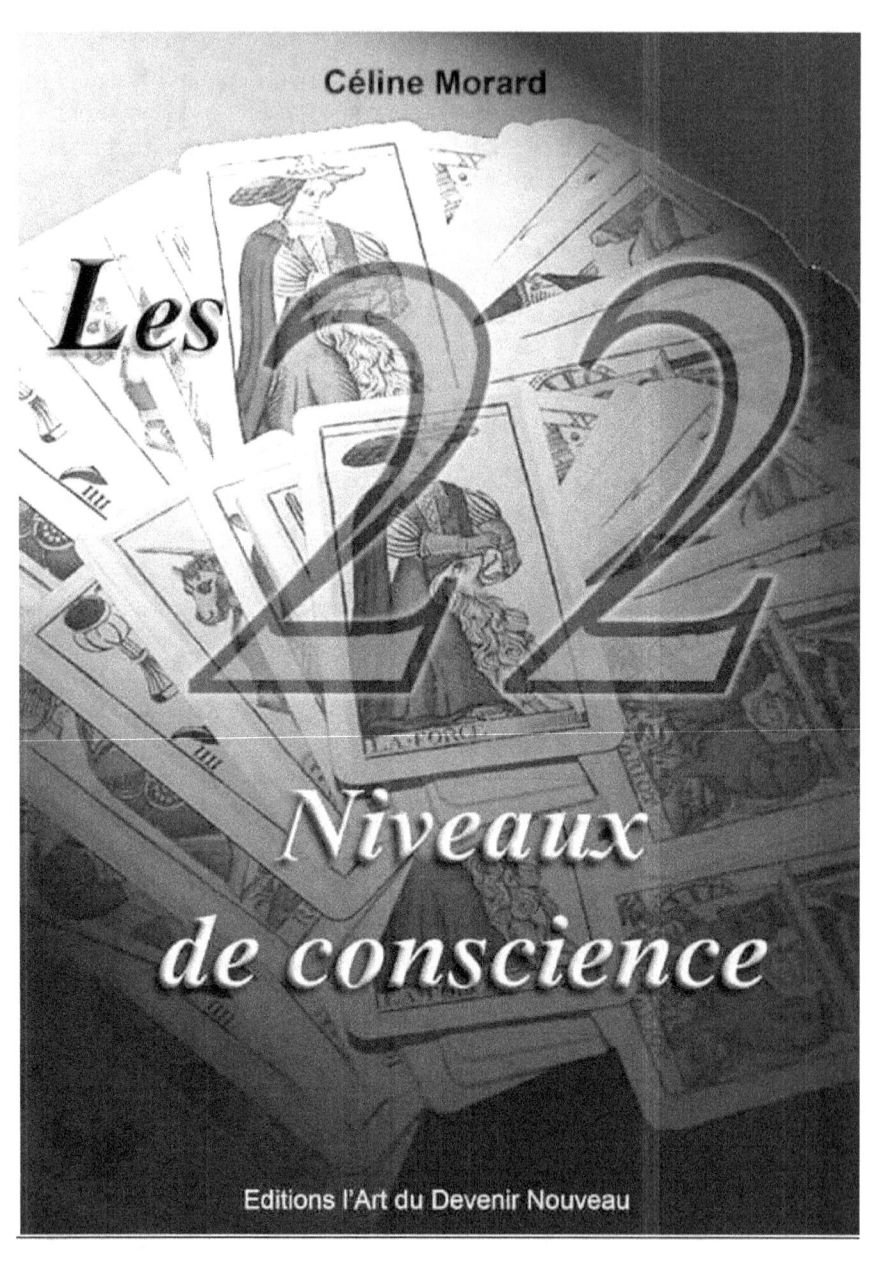

Céline Morard

Les 22 Niveaux de conscience

Editions l'Art du Devenir Nouveau

Les 22 Niveaux de Conscience

Apprendre à commander ce que je veux et non ce que je crains
Le livre « Les 22 niveaux de conscience » permet d'apprendre comment entrer dans le subconscient et le reprogrammer avec une nouvelle stratégie, de nouveaux objectifs ; en d'autres termes, vous comprenez comment désapprendre ou débrancher dans votre cerveau vos vieilles façons de penser, vos vieux schémas émotionnelles pour installer de nouveaux schémas de pensées et d'émotions fondées sur ce que vous désirez être. Le cheminement des 22 niveaux de conscience vous prépare physiologiquement au nouvel événement désiré, en créant de nouveaux circuits neurologiques. Quand ces nouveaux schémas sont mis en place, le système neurologique change. Notre corps et notre esprit travaillent alors en coexistence pour notre bien-être. Survient alors le stade du changement et de l'autocréation.

Ce rituel peut sembler avoir un rapport avec la magie. La magie, n'est ce pas tout simplement l'Ame qui Agit ? (L'âme agit) Il est fréquent de constater qu'il existe une sorte de résistance intérieure à commander ce qui est important pour soi avec assurance et que l'on a une forte tendance à se soumettre au destin. Et si un rituel nous permettait de nous dépouiller de toutes les valises encombrantes qui alourdissent notre esprit ? Si un rituel nous permettait de prendre les rênes de notre vie en main et de choisir notre vie ?

Commander :

➤ Commander, avec *la certitude,* la *capacité* absolue d'être obéi(e) dans ce que je *veux,* dans un domaine où je *suis* le moins habile et commander le code de *la facilité* et du *bien-être*, et *l'Etat d'Etre* dans chaque commande. **La *forme*** du résultat suivra *la coexistence* des pensées de lumière et des pensées de l'ombre, quant au résultat de mes commandes. *Même si* une résistance intérieure m'incite à la résignation.

➤ Chaque carte du tarot devient un paysage métaphorique à développer et qui demande une attention particulière, une sorte de symbole ressource, une image, une métaphore prête à être utilisée.

➤ Grâce à ce symbole ressource, je découvre que je peux dépasser mes pensées quotidiennes, à propos du temps, de l'espace et de la forme. J'invite ce symbole au-delà des siennes, tout simplement en l'interrogeant.

➢ Grâce à ce rituel des 22 niveaux de conscience et des actes psycho magique appropriés, je *désapprends* et je *débranche* mes vieilles façons de penser et mes vieux schèmes émotionnels pour *réapprendre* et *rebrancher* dans mon cerveau de nouveaux schémas de pensées et d'émotions fondés sur ce que je désire être et obtenir l'objectif dont j'ai besoin.

Le cheminement à travers le rituel des 22 niveaux de conscience, conditionne mon corps et mon esprit vers un état d'être chimiquement différent. Puisque de nouveaux circuits neurologiques seront activés à travers :

➢ De nouvelles pensées, de nouvelles émotions, et un nouveau comportement qui sera accessible à mon besoin fondamental. Qui sera *un nouvel état d'être* pour atteindre mon objectif.

➢ Le stade de changement d'état d'être (*vieux schéma de pensées, vieilles habitudes*) vont me propulser vers un autre état d'être (*nouveaux schéma de pensées, nouvelles habitudes*), pour vivre mon objectif futur qui me rendra auto créatif. Parce que les programmes de mes vieilles habitudes de pensées qui se sont développés à travers des circuits neurologiques se sont engrammes en programmes automatiques.

➢ L'intérêt de mettre en place un rituel ou un acte psycho magique permet de former d'autres circuits neurologiques vers de nouvelles stratégies comportementales.

3 rituels pourquoi ?

Si je veux vraiment qu'un objectif (corresponde à un besoin réel et non à un désir style (*caprice ou lubie*) soit atteint, je propose *3 rituels* avec les 22 niveaux de conscience du tarot, environ 3 mois. Grâce à notre « lobe frontal »qui est le domaine de la création et du changement, et nous confrontent à nous même à travers 3 fonctions :

Décision/ motivation/ réalisation

Cet objectif se déroule en 3 étapes ritualistes de 22 jours.

Le premier rituel des 22 jours correspond à la programmation de *la décision* de mon objectif. *(Est-ce un hasard si "crise" vient d'un mot grec qui signifie "décision" ?)*

➢ La première étape (*décision*) va nous permettre de devenir plus conscient de soi, en se détachant petit à petit pendant les 22 jours des états indésirables de l'esprit et du corps.

Le deuxième rituel permet la programmation de *la motivation* de mon objectif.

➢ Cette deuxième étape (*motivation*), crée un nouvel état d'esprit, pour penser et ressentir de nouveau modes d'états d'être et faire mieux pour soi-même

Le troisième rituel programme la *réalisation* de mon objectif.

➢ La troisième étape (*réalisation*) va rendre nos pensées plus réelles, et notre objectif plus vivant que jamais. En installant ce nouveau logiciel. (ce dont j'ai réellement besoin).

Pourquoi ce rituel répétitif

Ce rituel répétitif permet de faire pénétrer dans mon subconscient un nouveau *rythme hypnotique* (habitude) différent (nouvelle façon de penser et d'agir), afin que mon corps et mon esprit reste branché sur ce nouvel objectif.

➢ Pour atteindre un objectif, je dois activer un nouveau réseau neurologique grâce au logiciel (programme) des *22 niveaux de conscience*, et j'obtiens un nouveau programme informatique, ce programme (logiciel) peut être un nouveau comportement, une nouvelle attitude de pensées qui vont créer un nouvel état émotionnel et un nouvel automatisme.

La règle :

Je me prépare à modifier le système neuronal habituel qui a créé une habitude de penser en un système neuronale qui représente davantage un autre système de penser qui est l'objectif désiré.

➢ C'est passer d'un rythme hypnotique (une habitude) qui nous entrave à un nouveau rythme hypnotique qui va nous faciliter la vie.

➢ Et c'est seulement après avoir préparé mon cerveau à une nouvelle expérience de vie, que mon esprit sera prêt à relever le défi.

➢ *Désapprendre* ou *débrancher* dans mon cerveau mes vieilles façons de penser, mes vieux schémas émotionnelles.

➢ *Réapprendre* ou *rebrancher* dans mon cerveau, de nouveaux schémas de pensées et d'émotions fondées sur ce que je désire être.

➢ La règle générale du cheminement des 22 niveaux de conscience, c'est lorsque je conditionne mon corps avec un nouvel esprit. Tous les deux corps/esprit, travaillent en coexistence et ne s'opposent plus et vivent en harmonie pour notre bien-être, et lorsque le corps et l'esprit, sont en harmonie, survient le stade du changement et de l'autocréation.

a) Je modifie mon cerveau, mon esprit se modifie

b) Je modifie mon esprit, mon cerveau se modifie.

COMMENT FAIRE ?
➢ Faire une liste de prières d'intentions (ci-dessous) et faire pendant au moins 22 jours, une prière par jour, et l'écrire pour l'ancrer et que la programmation des prières se fasse naturellement jusqu'à l'intégration du processus des commandes. *Comme si* chaque jour pouvait représenter la dynamique d'une carte du tarot de Marseille, zen ou autre...

Un acte psycho magique* pourquoi ? :

➢ Le tarot facilite la projection de l'inconscient, parce que, comprendre intellectuellement mène rarement au changement.

➢ Je me représente le chemin initiatique du projet, grâce au tarot, du bateleur jusqu'à la carte du mat, 22ème lame du tarot, qui sera pour moi l'intégration parfaite des commandes efficaces. Elles vibreront désormais au taux vibratoire de mon Essence dans l'Amour de soi, MEME SI cela me demande de la patience et du temps.

A partir du premier jour de la nouvelle lune
Chaque jour et ce pendant 22jours….
Une image vaut mille mots …
➢   **P**rendre une carte du tarot, et la photocopier sur un papier calque blanc, et la faire agrandir à votre convenance.
➢   **P**uis la poser sur une fenêtre, à travers laquelle, les rayons du soleil le jour et la luminosité de la lune la nuit, l'inondent de leur vibrations énergétiques.
➢   **A**insi, à chaque moment, lorsque je regarde cette arcane dans sa transparence, je m'imprègne de sa vibration et je m'ouvre davantage à ce niveau de conscience L'empreinte de la signification de la lame va ainsi permettre au cheminement du bateleur, qui sera le début de la motivation de l'objectif, de s'imprégner de toute l'onde de forme de chaque carte et, telle une petite coupure sur la peau qui se referme naturellement en trois semaines, mon inconscient peut, lui aussi en 22 jours, mettre en place un nouveau programme afin de réaliser tout ce dont j'ai besoin.

Le tarot est un miroir projectif
➢   **S**i je me mets, lorsque la question est posée, dans un état modifié de conscience, mon inconscient déchiffre la fréquence de la lame (avec sa fréquence particulière) qui, selon la loi d'attraction, va attirer la vibration de la question, et me donner la réponse dont j'ai besoin ici et maintenant. La loi d'attraction agit comme un aimant (qui s'assemble et se ressemble).
➢   **P**uisque le tarot est un miroir projectif, à travers lequel nous faisons défiler notre univers intérieur, c'est comme si nous rendons visible notre émotivité, nos dynamismes intérieurs et toutes les interactions entre les aspects des parts de nous-mêmes, quelles soient d'ombre ou de lumière.
➢   **P**ourquoi refusons-nous de croire à cette réalité intérieure ? Parce que celle-ci est invisible à nos yeux.
    C'est grâce au langage métaphorique des arcanes du tarot que nous pouvons explorer nos jardins intérieurs, orienter notre attention vers un aspect de notre perception personnelle et aller vers une quête de connaissance de soi.

Céline Morard

Bibliographies

« La Wicca : Magie blanche et Art de Vivre Cunningham»
Scott : Edition du roseau, 1998 - 280 pages.

« Manuel de psycho magie » Alejandro Jodorowsky : ED :
Albin Michel-2008-295 pages.
« La voie du tarot » Alejandro Jodorowsky /Marianne Costa
ED : J'AI- LU-2004-575 pages.

« Secrets et pratique du désenvoutement », Poinsot M-C : ED
Bussière, la diffusion scientifique, 1999 - 156 pages.

 « L'équivalence mentale », Fox Emmet Editions Bussière,
Librairie Astra, 2009 -39 pages.

« Accueillir tous ses "je" » Stone Drs Hal & Sidra : - Manuel de
Voice Dialogue (dialogue intérieur), ED Warina, 2010 - 326
pages.

« La comédie des origines » Rosnet Pascal : Editions
CreateSpace Independent Publishing Platform, 2012 – 138 pages.

« Etre coach » Dilts Robert : de la recherche de la performance à
l'éveil. ED : inter Edition 2003-285 pages.

«Tous les livres » Salomé Jacques.

«L'éveil au point zéro» Braden Gregg : ED : Ariane, 1999 – 216
pages

« Essence » Kishori Aird 2005 - Edition Institut Kishori- 229
pages

LEXIQUE

Coexistence : signifie, mettre deux polarités opposées en coexistence au point zéro, afin qu'ils s'équilibrent mutuellement. Donc, je permets à la fréquence de l'irritation .comme le fond les deux pôles d'un aimant pour créer un champ magnétique puissant.de coexister dans le même espace (du point zéro).

Emotion : c'est une énergie en mouvement. Exemple une pensée plus une émotion nous font atteindre notre objectif.

Hologramme : sorte d'entité qui sape notre moral. Et qui est fabriqué de toute pièce par une autocritique intérieure permanente. *(Voir mental, mental qui-suis-je du même auteur)*
.

Que mon corps le sache et l'intègre : souvent il arrive que nous pouvons avoir réglé une émotion et l'avoir intégrée au niveau du l'esprit sans que le corps le sache et l'intègre.

L'attention : l'endroit ou se pose mon regard, devient important et prend de la valeur pour moi. Si je concentre mon ***attention*** sur quelque chose de précis, avec ***l'intention_***d'obtenir un certain résultat. C'est CE qui sera manifesté.

L'essence : une énergie vitale qui nous maintient en Vie. L'Essence est une fréquence vibratoire. Une onde Lumineuse qui porte notre Signature Personnelle.
Ce n'est pas seulement un état : c'est une Fréquence vibratoire qui pulse à l'intérieur de Soi.
Plus j'expérimente quotidiennement cette longueur d'onde plus je me définis comme la Gardienne de cette Fréquence.

Le même si : permet de contourner une résistance et de ne plus la ressentir comme un obstacle. L'intention d'un objectif devient plus puissante, lorsque j'y ajoute : je choisis que ce soit facile et aisé « polarité positive » même si je ne sais pas comment exprime notre vulnérabilité « polarité négative »

Dés lors, inclure les deux pôles « l'intention de et même si » ont pour effet de magnétiser l'intention consciente et de la rendre agissante et efficace.

L'état est plus fort que la forme :
Quand je décris l'état dans lequel je veux vivre, par exemple, j'exprime mes besoins et je ne me perds plus dans un labyrinthe de questions et de stratégies. L'intention représente l'*état* dans lequel je veux *être*.

L'espace de médiation consiste à garder deux choses
différentes en présence l'une de l'autre. C'est l'attitude qui permet de conserver son choix initial en le faisant coexister avec le nouveau choix plus positif.

Grâce à l'espace de médiation je peux faire *coexister* la lumière avec la noirceur. Ni la noirceur, ni la lumière ne posent un problème, à moins que je ne polarise (immobilisation ou stase) l'une des polarités : cette action bloquera l'autre automatiquement. On ne cherche pas le positif ou le négatif, on cherche *le Mouvement*. L'abondance est *Mouvement*[14], on navigue sur un courant, l'abondance *est présente* même dans *le chaos*. Il existe du *Mouvement* entre la *lumière* et la *noirceur*, .le *silence* et le *bruit*.

L'Energie psychique est composée de deux éléments : l'attention et l'intention.
Puisque la commande de l'intention et de l'attention **dans** un espace de médiation.*exige que j'insère les deux pôles de notre dualité, ceux-ci, ont pour effet, de magnétiser l'intention consciente. Ainsi, ils la rendent tant <u>agissante</u> qu'efficace et l'ancrent dans le quotidien.

L'intention : L'intention d'un objectif se réalise que si celle-ci
englobe les deux pôles de notre pensée. En coexistence avec un pôle positif + un pôle négatif. L'intention crée un équilibre qui

rend nos commandes plus magnétiques, en acceptant ainsi notre côté lumineux et notre côté sombre. **L'intention** est de savoir adopter la position d'un programmeur qui reconnaît et utilise ses doutes, ses faiblesses comme le pôle négatif d'un aimant dont le pôle positif magnétise et commande de nouvelles possibilités au travers de nouveaux choix.

L'intelligence de vie : on peut aussi la nommer DIEU ou conscience supérieure. Etre suprême. Le grand créateur de l'univers.

La pensée magique : une des raisons pour lesquelles nous laissons nos intentions par défauts nous mener par le bout du nez, est la pensée magique. Qui est l'habitude de laisser passer les choses, en se disant qu'avec le temps, celui-ci arrangera bien les choses. La pensée magique c'est croire qu'un jour tout va arriver sans que je n'ai rien à transformer à l'intérieur de moi. Bref, c'est croire que les choses que je souhaite vont se produire comme par magie…

Les obstacles de la pensée magique :
*Nos attentes et nos désirs crée par **la pensée magique.***
*(a)Nos attentes qu'un jour (**mon prince viendra et il m'emportera**) Ou une relation romantique qui n'exige aucun effort.*
(b)Nos désirs qui représentent des aspirations d'adolescent(e)s qui refusent de grandir.
*(c)**D**es suppositions, des réalités possibles qui font rêver (**Start académie**)*
*(d)**D**es scénarios forgés par des images publicitaires.*
*(e)**D**écouragement lorsque notre réalité ne reflète pas notre pensée magique.*
L'obstacle majeur
***La vision**, qu'un jour par un processus alchimique, j'aurai une vie parfaite en repoussant Mes Vulnérabilités et en Espérant que tout va s'arranger comme par enchantement.*

La prière d'intention :

Grâce à la prière, comme outil de changement. Je m'adresse à l'Univers, à l'intelligence de vie ou si je suis catholique à, Dieu.

Tout comme un code de programmation d'un logiciel, la *prière* d'intention me met en rapport avec des Mécanismes invisibles et le But de celles-ci c'est que les Mots sont conçus dans le But de réunir les conditions requises pour établir un lien énergétique avec les Forces de la Création.

Les prières sont des Messages qui ont été transmis par des Maîtres spirituels (Jésus- Bouddha- Krishna- chamans amérindiens…) pour nous aider à cesser d'être les victimes de l'existence mais en devenir les programmeurs.

Méta-position : C'est la position de l'observateur permettant une prise de recul, un point de vue plus neutre, plus abstrait, sur la situation vécue.

Point zéro : peut se comparer à un aimant dont le pôle négatif et le pôle positif ont une énergie de même degré fréquence énergétique. On l'appelle aussi « le cœur de la pleine conscience » «l'espace non-duel » La métaphore du Point Zéro peut être assimilé au paradis terrestre des chrétiens.

Quelle est la différence entre un Désir et un Besoin ?
Un besoin : un Besoin est une nécessité naturelle.
Un Désir : un Désir est l'envie d'obtenir ou de posséder quelque chose.

www.ingramcontent.com/pod-product-compliance
Lightning Source LLC
Chambersburg PA
CBHW071406280526
45787CB00001B/460